Paris
1829

Maine de Biran, Marie François Pierre Gonthier de Biran dit

Leçons de philosophie de M. Laromiguière, jugées par M. Victor Cousin et M. Maine de Biran

R

LEÇONS DE PHILOSOPHIE

DE M. LAROMIGUIÈRE,

JUGÉES

PAR M. VICTOR COUSIN

ET

M. MAINE DE BIRAN.

PARIS,

CHEZ LES LIBRAIRES-ÉDITEURS :

ROUEN FRÈRES, RUE DE L'ÉCOLE DE MÉDECINE, Nº 13,
ET JOHANNEAU, RUE DU COQ-SAINT-HONORÉ, Nº 8 (BIS).

1829.

ÉVERAT, Imp., rue du Cadran, n⁰ 16.

AVIS DES ÉDITEURS.

Au moment où les partisans de M. Laromiguière se joignent aux écrivains de la Quotidienne et de la Gazette et à ceux du parti matérialiste, pour attaquer, Dieu sait avec quelles armes, la nouvelle philosophie, la violence des élèves reporte naturellement l'attention sur les principes et le système du maître. Nous avons donc cru rendre service aux amis de la philosophie, en réimprimant un examen qui a été fait, il y a quelques années, des Leçons de M. Laromiguière, par deux hommes auxquels on ne peut refuser une étude approfondie et l'intelligence de ces matières, MM. Cousin et Maine de Biran. Voici, en quelques mots, le résultat de cet examen.

M. Cousin accorde à M. Laromiguière

qu'en effet son système est distinct de celui de Condillac, en ce qu'il sépare essentiellement l'attention, faculté active, de la sensation qui est purement passive. Mais la différence du point de départ admise ou supposée, M. Cousin soutient que, dans la génération des facultés de l'ame, M. Laromiguière reproduit la théorie de Condillac avec tous ses vices ; il soutient, par exemple, que nul artifice de langage ne peut tirer de l'attention, faculté active, et des facultés similaires qu'elle engendre, savoir, la comparaison et le raisonnement, cette faculté que M. Laromiguière appelle le désir, et qui est incontestablement passive; qu'ensuite, s'il est impossible de tirer le désir, qui est passif, de facultés actives, il est tout aussi impossible de tirer de ce même désir, convaincu d'être un phénomène passif, la liberté et la volonté, qui sont l'activité par excellence. M. Cousin conclut donc que la théorie de M. Laromiguière est inconciliable avec les faits, et qu'elle consiste en assimilations verbales, dont l'arrangement, comme tout le système de Condillac, n'est qu'une nouvelle espèce de nominalisme.

M. de Biran va plus loin. Au lieu d'examiner l'ensemble du système de M. Laromiguière, et de le suivre, comme M. Cousin, dans toutes ses parties, il ne s'attache qu'à son principe, savoir l'attention, comme distincte de la sensation ; et à cet égard, il nie entièrement ce qu'avait semblé admettre M. Cousin, que l'attention de M. Laromiguière soit essentiellement différente de la sensation de Condillac. Il prétend que l'attention véritable, celle qui est en effet distincte de la sensation, est l'attention volontaire et libre ; et que l'attention de M. Laromiguière étant nécessairement dépourvue de ce caractère, puisque, selon lui, la liberté et la volonté sont des facultés qui ne se développent que tardivement et bien après l'attention, celle-ci, sans liberté et sans volonté, n'est plus une faculté véritablement active, mais, comme l'a parfaitement bien vu Condillac, une pure modification de la sensibilité, une réaction de la sensibilité sur elle-même.

Il suivrait de là, que, selon M. Cousin, le système de M. Laromiguière n'est que celui de Condillac, moins le point de départ; et que, selon M. de Biran, au fond, le point de départ est aussi le même.

Nous nous hâtons d'ajouter que la discussion de M. Cousin et celle de M. de Biran, est une véritable discussion philosophique, sans aucun esprit de parti, exempte de toute aigreur, et que les dissentimens les plus vifs y sont exprimés avec ce ton de politesse et d'estime réciproque, que se doivent de véritables savans. Mais l'urbanité de la forme n'ôte rien à la solidité des raisons; les objections sont graves; les adversaires, des hommes qui ont fait leurs preuves : une réponse est donc à la fois convenable et nécessaire. Le public impartial la souhaite et l'attend, dans l'intérêt de la vérité et de la philosophie, qui ne peuvent que gagner à de semblables controverses.

EXAMEN

DES

LEÇONS DE PHILOSOPHIE

DE M. LAROMIGUIÈRE,

PROFESSEUR DE PHILOSOPHIE A LA FACULTÉ DES LETTRES,
ACADÉMIE DE PARIS;

PAR M. VICTOR COUSIN,

Professeur adjoint de l'histoire de la philosophie moderne à la même
Faculté, maître de conférences à l'ancienne École normale.

(EXTRAIT DES FRAGMENS PHILOSOPHIQUES.)

EXAMEN

DES

LEÇONS DE PHILOSOPHIE.

D**EPUIS** un siècle à peu près que la métaphysique de Locke, sur les ailes brillantes et légères de l'imagination de Voltaire, traversa le détroit et s'introduisit en France, elle y a régné sans contradiction et avec une autorité dont il n'y a pas d'exemple dans l'histoire entière de la philosophie. C'est un fait presque merveilleux que, depuis Condillac, il n'a paru parmi nous aucun ouvrage contraire à sa doctrine, qui ait produit quelque impression sur le public. Condillac régnait donc en paix; et sa domination, prolongée jusqu'à nos jours à travers des changemens de toute espèce, paraissait à l'abri de tout danger et poursuivait son paisible cours.

Les discussions avaient cessé : les disciples n'avaient plus qu'à développer les paroles du maître; la philosophie semblait achevée. Cependant les choses en sont venues insensiblement à ce point qu'il paraît tout à coup un ouvrage où l'auteur abandonne et combat même le système établi, sans choquer le public. Que dis-je? le public, jusqu'alors si prévenu en faveur de Condillac, accueille son adversaire, et ne paraît pas même éloigné d'embrasser la nouvelle direction. Ceci prouverait deux choses : d'abord, qu'une révolution philosophique se fait sourdement dans quelques esprits; ensuite, que cette révolution est déjà préparée dans l'opinion publique. Or nous ne craignons pas d'avancer qu'une telle révolution, si elle n'est point une chimère, est un des faits les plus importans de l'époque actuelle.

Mais le fait est-il bien réel? L'esprit humain a-t-il ressaisi parmi nous le droit d'examen? et M. Laromiguière, jadis si zélé, si scrupuleux disciple de Condillac, a-t-il vraiment abandonné sa doctrine? C'est ce qu'il s'agit de constater par une analyse exacte et approfondie des *Leçons de Philosophie*.

Il y a deux hommes dans M. Laromiguière, l'ancien et le nouveau, le disciple et l'adver-

saire de Condillac. L'adversaire se montre souvent, et c'est là le phénomène que nous nous
proposons de signaler; le disciple reparaît plus
souvent encore, et c'est ce qui prouve précisément, selon nous, la réalité de la révolution
que nous annonçons ; car, si l'ouvrage de
M. Laromiguière n'était qu'un nouveau système, sans rapport avec ceux qui l'ont précédé
et avec celui de Condillac, qui est leur type
commun, faute de s'appuyer sur le passé, il
n'exercerait aucune influence sur l'avenir, et
ne serait pour nous qu'un système de plus dans
la multitude des systèmes, un ouvrage plus ou
moins ingénieux, mais stérile, parce que cela
seul est fécond qui est animé de l'esprit du
siècle, qui se lie à ses besoins, à ses vœux, à
sa tendance. S'il n'y avait aucun rapport entre
Condillac et M. Laromiguière, quand même
M. Laromiguière aurait pour lui la raison, il
n'aurait pas pour lui le public, qui veut bien
marcher, mais non pas courir; qui veut bien
permettre qu'on améliore ses idées, mais non
pas qu'on les détruise brusquement : jamais le
même individu n'a complètement changé; la
société ne change complètement que par les
changemens partiels et progressifs des diverses
générations. Si la rupture de M. Laromiguière

avec Condillac eût été violente, on pourrait
accuser la passion ou le caprice, et ne voir là
qu'un phénomène superficiel et passager; mais
les changemens insensibles préparent les révo-
lutions durables. Enfin, si l'auteur n'avait pas
été un disciple de Condillac et ne s'en mon-
trait pas toujours le plus ardent admirateur,
il eût manqué à Condillac d'être abandonné
par un des siens. Être attaqué n'est qu'un accident ordinaire, même à un système vainqueur;
trouver des résistances est un accident inévitable pour un système nouveau qui se déve-
loppe et qui marche à la victoire; gagner peu
de terrain est l'effet de toute résistance opi-
niâtre, et n'est encore qu'un phénomène peu
inquiétant: mais en perdre, mais reculer quand
on a été si loin; mais tomber, ne fût-ce que
d'une ligne, quand on est parvenu au faîte, ce
sont là des présages tout autrement sinistres :
en fait de système aussi, toute chute est ruine;
reculer, c'est être vaincu; perdre, c'est déjà
périr. Ce qui caractérise l'ouvrage de M. Laromiguière, comme ce qui en fait l'importance,
est donc précisément ce mélange, ou, pour
ainsi dire, cette lutte de deux esprits opposés,
de deux systèmes contraires; lutte d'autant
plus intéressante que l'auteur n'en a pas le se-

cret, d'autant plus sérieuse qu'elle est plus naïve. C'est le spectacle de cette lutte que nous voulons donner au public; elle est partout dans le livre de M. Laromiguière; elle est dans chaque grande division, dans chaque chapitre, dans chaque alinéa, dans chaque phrase : tant une situation est profonde lorsqu'elle est vraie !

L'ouvrage de M. Laromiguière est la collection des leçons qu'il donna à la faculté des lettres de l'académie de Paris, pendant les années 1811, 1812 et 1813. Les succès du professeur furent grands : ceux de l'écrivain y répondront; tel est l'effet d'un enseignement et d'un style qui conduisent toujours le lecteur ou l'auditeur de ce qu'il sait mieux à ce qu'il sait moins, ou à ce qu'il ignore tout-à-fait.

Ces leçons se présentent sous le titre d'*Essai sur les facultés de l'ame*. Au fond, cet essai comprend toute la métaphysique; car l'auteur, considérant les facultés et dans leur nature et dans leurs produits, c'est-à-dire, en elles-mêmes et dans les diverses idées dont leur développement progressif enrichit l'intelligence, embrasse tout ce que l'on peut dire de l'homme intellectuel; car, où s'arrête la portée de nos facultés, là seulement finit l'homme

intellectuel. Mais jusqu'où ne vont pas les facultés de l'homme ? Et quelles questions peuvent échapper à la simplicité infinie du plan de
M. Laromiguière ? L'analyse des facultés,
considérées en elles-mêmes et dans leurs rapports les unes avec les autres, est l'objet du
premier volume ; le second traite de leurs
produits, ou des idées. Nous nous proposons
de les examiner en détail, montrant toujours
en quoi l'auteur suit Condillac, et en quoi il
s'en écarte, dans le vaste champ qu'il parcourt
après lui ; et comme, en général, dans la philosophie, l'idée de la méthode plane sur toutes
les autres idées, et, comme Condillac et M. Laromiguière répètent souvent, ce que nous admettons volontiers, que la philosophie n'est
qu'une méthode ; nous insisterons d'abord sur
la nature et le caractère précis de la méthode
suivie par Condillac et M. Laromiguière.

Nous commencerons par écarter la méthode
d'enseignement, que Condillac et M. Laromiguière ont trop souvent confondue avec la
méthode de découverte, pour nous occuper
uniquement de celle-ci. Or, quant à la méthode de découverte, nos deux philosophes
se ressemblent tellement, que l'on peut prendre à volonté l'un pour l'autre, et qu'en exa-

minant la méthode de **M. Laromiguière**, on examine aussi celle de Condillac.

« L'idée de la méthode, dit **M. Laromiguière** » (1re leçon, p. 48), quoique assez facile à » saisir, n'est pourtant pas une idée simple ; » quand nous saurons ce que c'est qu'un prin-» cipe et ce que c'est qu'un système, nous » serons bien près de savoir ce que c'est que » la méthode. »

Maintenant, qu'est-ce qu'un *principe* et un *système* ? Laissons parler M. Laromiguière :

« Personne, dit-il (*ib.*, p. 50), n'ignore la » manière dont se fait le pain. **On** a du grain » qu'on broie sous la meule ; le grain ainsi » broyé est imbibé d'eau ; il prend ainsi de la » consistance sous la main qui le pétrit ; et » bientôt l'action du feu le convertit en pain. » Voilà quatre faits qui tiennent les uns aux » autres, mais de telle manière que le qua-» trième est une modification du troisième, » comme le troisième est une modification du » second, et comme le second est une modifi-» cation du premier. Or, toutes les fois qu'une » même substance prend ainsi plusieurs for-» mes l'une après l'autre, on donne à la pre-» mière le nom de principe. »

Et ajoutons, pour compléter la pensée de

l'auteur : à l'ensemble de ces formes qui s'engendrent l'une l'autre, on donne le nom de *système*.

Or, la méthode qui systématise tous les élémens d'une science en les ramenant à un principe commun, à leur origine, cette méthode s'appelle d'un seul mot *analyse*.

« C'est l'analyse, dit M. Laromiguière (*ibid.*,
» p. 58), qui, ramenant à l'unité les idées les
» plus diverses qu'elle-même nous a données,
» fait produire à la faiblesse les effets de la
» force; c'est l'analyse qui sans cesse ajoute à
» l'intelligence, ou plutôt l'intelligence est son
» ouvrage, et la méthode est trouvée. »

La méthode est trouvée! c'est ce qu'il s'agit d'examiner, en cherchant à se défendre de l'enthousiasme qui peut bien saisir le poète en présence d'une grande image, d'une inspiration sublime, et même le métaphysicien le plus méthodique, à l'instant où il croit apercevoir une idée féconde; mais qu'il ne faut pas commencer par partager soi-même, lorsqu'on veut savoir s'il est bien ou mal fondé, si réellement la méthode est trouvée. Et, selon nous, elle ne l'est pas; ou, si elle se trouve dans la description qu'en vient de donner M. Laromiguière, elle s'y trouve si bien enveloppée sous des élémens étrangers, qu'on a peine à l'y reconnaître. En effet, pour systématiser une science, c'est-à-dire, pour ramener une suite de phénomènes à leur principe, à un phénomène élémentaire qui engendre successivement tous les autres, il faut saisir leurs rapports, le rapport de génération qui les lie; et pour cela, il est clair qu'il faut commencer par examiner ces différens phénomènes séparément. Cette opération, c'est l'observation. Or l'observation peut bien conduire à l'unité, mais quelquefois aussi elle n'y conduit pas; elle y conduit, si elle la trouve; elle la trouve, si l'unité existe : si l'unité n'existe pas, l'observation aura beau la chercher, elle ne la trouvera pas; elle n'y conduit donc pas nécessairement : observer est donc une chose, unir et systématiser en est une autre; ces deux opérations ne se rencontrent donc que fortuitement, extérieurement, pour ainsi dire, par l'effet de l'identité qui peut exister dans les choses observables. Alors nous ne ramenons pas les phénomènes à l'unité; mais nous voyons l'unité dans les phénomènes, parce que les phénomènes sont identiques. Si l'unité est une création de l'esprit, c'est une chimère avec laquelle l'observation et la vraie philosophie n'ont rien à voir; si c'est une réalité, c'est un fait, un fait d'observation, comme tout autre fait, comme la diversité ou la ressemblance. L'observation, si elle est exacte, le trouve même sans le chercher; de telle sorte qu'alors il n'y aurait pas même dans la méthode deux opérations, l'opération qui observe et l'opération qui unit et systématise, mais une seule opération, savoir, l'observation, laquelle trouve ou ne trouve pas l'unité. Dans ce cas, la méthode consisterait uniquement dans l'observation; et dans ce cas encore, si l'on veut donner un nom grec à l'observation, à la méthode, qui n'est pas plus grecque que française et qui appartient à la raison humaine, on peut lui donner le nom d'*analyse*, cette expression marquant l'opération de l'esprit qui divise, qui décompose, c'est-à-dire, qui tend à l'observation; car on n'observe, on n'observe bien qu'en décomposant; voilà pourquoi la langue grecque oppose l'*analyse* à la *synthèse*, comme la langue française oppose la décomposition à la composition. Toutefois les définitions de mots étant libres, sauf l'inconvénient de confondre les idées par la confusion du langage convenu, on peut, si l'on veut, appeler *analyse* la réunion de l'opération intellectuelle qui décompose et de celle qui compose, de l'analyse et de la synthèse, comme les Grecs l'entendaient, et comme jusqu'ici l'entendait tout le monde : on peut encore, si on le veut, appeler *méthode* en général ces deux opérations, qui, au fond, constituent deux méthodes, et qui jusqu'ici passaient pour deux méthodes différentes. Les faits sont tout, les mots ne sont rien : qu'on fasse des mots ce qu'on voudra ; mais que les faits restent intacts, ainsi que leurs caractères. Quelque dénomination que l'on employe, toujours est-il qu'unir et systématiser n'est pas décomposer et observer ; que ces deux procédés, sans s'exclure, ne se suivent pas nécessairement ; que, pour atteindre à la vérité, l'observation est incomparablement plus utile que la recherche de l'unité ; et que, par conséquent, dans l'idée générale de méthode, la décomposition, en fait et en droit, précède la composition.

Condillac et M. Laromiguière font tout le contraire. Sans proscrire l'observation, ils insistent plutôt sur la composition, sur l'unité nécessaire à tout système. Pour ne point parler de Condillac, les passages de M. Laromiguière que nous avons cités plus haut, sont décisifs. La tendance à l'unité est telle dans les *Leçons de Philosophie,* qu'indépendamment de tous les

passages où le professeur la recommande, et où
il la suit explicitement, il reste encore je ne
sais quel esprit général qui y aspire sans cesse,
qui se produit dans les mots comme dans les
idées, qui remplit et anime le livre entier. Or,
qui ne voit que cette tendance à l'unité, cette
supériorité accordée à l'esprit de système sur
l'esprit d'observation, doit être funeste à la
vraie science, laquelle repose sur les faits? Que
dirait-on d'un chimiste qui, dans des leçons
sur la méthode, la réduirait à la recherche de
l'unité, à la recherche d'un élément unique,
simple, indécomposable, dont tous les autres
ne fussent que des formes, et dont la chimie
entière ne fût que le développement? Un tel
chimiste ne rappellerait-il pas le temps de Pa-
racelse, plutôt que le temps de Lavoisier? Celui-là, à coup sûr, ne trouverait pas la classification des corps simples; car où il y a unité, il
n'y a pas lieu à classification : il ne trouverait
pas un élément nouveau; car deux élémens simples, et tout élément est simple ou supposé tel,
deux élémens engendreraient, selon lui, deux
sciences tout-à-fait opposées. Que dirait-on du
physiologiste qui recommanderait de chercher
avant tout la fonction organique élémentaire?
Que dirait-on du médecin dont la méthode

médicale consisterait à réduire toutes les maladies à une seule, la goutte à la fièvre ou la fièvre à la goutte? Que dirait-on du physicien qui, au lieu d'ajouter la géométrie à l'expérience, prétendrait, *a priori*, construire la nature avec un x ou un y? N'est-il pas visible qu'aussitôt que l'esprit humain s'écarte de l'expérience, il s'écarte de la ligne droite de la science?

Ne serait-on pas fondé à dire à Condillac et à son école : 1° Sans prétendre que vous rejetez l'expérience, certainement vous insistez plus sur l'unité et l'esprit de système ; dès là votre méthode, sans être absolument vicieuse, contient déjà un germe funeste que l'application développera nécessairement.

2°. Quand même il serait vrai que, dans l'application, vous n'eussiez pas failli, le mérite en serait à vous, non pas à votre méthode; et notre remarque subsisterait toujours.

3°. Quoi qu'il en soit de notre remarque, si elle pèche, assurément ce n'est pas par une excessive témérité, et ce n'est pas à vous d'accuser vos adversaires d'être des esprits ambitieux et chimériques. En effet, quelle ambition que celle de voir tout en un, et même de ne vouloir rien voir autrement ! car non-seulement l'unité est pour vous un résultat, mais c'est une loi, c'est un précepte, une méthode. Quand donc vous rencontrez sous votre plume les noms de philosophes étrangers ou de philosophes anciens, les noms de Platon ou de Pythagore, des Alexandrins ou de certains scolastiques, de Leibnitz ou de Spinosa, et d'autres modernes plus récens dont la gloire est l'orgueil de grandes nations contemporaines, de grâce, moquez-vous moins de leurs prétentions, car les vôtres ne sont pas petites. Ces philosophes ambitieux, ces illuminés, comme vous les appelez (tom. I, p. 42; tom. II, p. 172 — 449 et *passim.*), on ne sait pourquoi, peuvent-ils avoir été plus loin que vous? car, encore une fois, qu'y a-t-il au-dessus et au-delà de l'unité?

4°. De plus, cette unité que vous cherchez, nous la souhaitons aussi; sans doute l'homme ne peut se reposer que dans l'unité : l'unité est la fin dernière de la science; mais nous croyons que l'observation en est la condition; et, tout en cherchant la fin de la science, nous nous pénétrons surtout du besoin d'accomplir ses conditions légitimes. Voyez donc qui, de vous ou de nous, se conforme le mieux à l'esprit des temps modernes, lequel n'est autre chose que la crainte de l'hypothèse et la prédominance, quelquefois même excessive, de l'observation sur la spéculation.

Sans appliquer à M. Laromiguière ces paroles pacifiques que nous n'adressons ici qu'au chef lui-même, à Condillac, nous ne pouvons nous empêcher de regretter que M. Laromiguière, qui, sur d'autres points, abandonne Condillac, l'ait, sur celui-là, si scrupuleusement suivi. Sa méthode est celle de Condillac; elle en a tous les inconvéniens; elle en a aussi tous les avantages, parmi lesquels il faut mettre au premier rang le talent de l'exposition et du style. Si toutes les idées sont réductibles à l'unité, si l'unité est la loi de la pensée humaine, l'analogie est la loi du langage; aussi l'analogie est-elle le caractère éminent du style de Condillac et de M. de Laromiguière. De là ce style heureux dont le secret consiste à aller sans cesse du connu à l'inconnu, et à répandre ainsi sur toutes les matières la lumière et l'agrément : de là cette élégance continue dont Condillac a transmis, avec sa méthode générale, l'habitude systématique à son heureux imitateur, qui, par un travail plus profond encore, une étude plus assidue, semble y avoir ajouté plus de force et plus de charme. Comme le système de M. Laromiguière n'est qu'une génération progressive d'idées, sa langue n'est qu'une traduction harmonieuse. L'habile écrivain vous conduit, vous promène, pour ainsi dire, d'une forme à l'autre, d'une expression à une autre expression, avec un art aussi profond et aussi subtil, que l'habile dialecticien vous fait passer d'un principe plus ou moins prouvé, mais enfin établi et convenu, à une conséquence immédiate qui elle-même engendre une conséquence nouvelle, d'où sort une suite de nouvelles conséquences, toutes liées intimement l'une à l'autre, préparées et ménagées par des harmonies et des dégradations qui, en se développant successivement sous vos yeux, vous charment sans trop vous surprendre, et vous éclairent sans vous éblouir. Malheureusement le talent d'exposition, qui se prête aussi bien à l'erreur qu'à la vérité, ne prouve rien pour ou contre un système.

Mais comment se fait-il que M. Laromiguière diffère, autant que nous l'avons annoncé, de Condillac, si leur méthode est la même? C'est qu'ils l'appliquent diversement. Tous deux cherchent l'unité; mais Condillac la trouve dans une chose, M. Laromiguière dans une autre, et ces deux choses sont essentiellement opposées : de là, malgré l'identité de la méthode, la diversité des directions, qu'un reste d'habitude et des artifices de langage peuvent bien encore rapprocher sur certains points, mais sans pouvoir réellement les confondre : de là les différences et les ressemblances que nous avons annoncées, et qu'il nous reste à développer.

Pour saisir nettement les différences qui existent déjà et les ressemblances qui se trouvent encore entre le système de M. Laromiguière et celui de Condillac, il faut bien concevoir ce dernier système, et surtout l'enchaînement du principe et des conséquences.

Le principe de Condillac est la sensibilité; il y voit l'intelligence tout entière. Toutes les facultés de l'homme ne lui paraissent que le développement varié d'une première sensation.

A la première odeur, dit Condillac (*Traité des Sensations,* 1re partie, chap. 2), la capacité de sentir est tout entière à l'impression qu'elle éprouve. Voilà l'attention.

L'attention que nous donnons à un objet n'est, de la part de l'ame, que la sensation que cet objet fait sur nous. (*Logique,* 1re part., chap. 7.)

Une double attention s'appellera comparaison ; elle consiste dans deux sensations qu'on éprouve comme si on les éprouvait seules , et qui excluent toutes les autres. (*Log.*, 1re part., chap. 7.)

Un objet est ou absent ou présent : s'il est présent, l'attention est la sensation qu'il fait actuellement sur nous ; s'il est absent, l'attention est le souvenir de la sensation qu'il a faite. Voilà la mémoire. (*Log.*, même chap.)

Nous ne pouvons comparer deux objets , ni éprouver les deux sensations qu'ils font exclusivement sur nous , qu'aussitôt nous n'apercevions qu'ils se ressemblent ou qu'ils diffèrent : or, apercevoir des ressemblances et des différences , c'est juger. Le jugement n'est donc encore que sensation. (*Log.*, même chap.)

La réflexion n'est qu'une suite de jugemens qui se font par une suite de comparaisons. (*Log.*, même chap.)

La réflexion, lorsqu'elle porte sur des images, prend le nom d'imagination. (*Logique*, même chap.)

Raisonner, c'est tirer un jugement d'un autre jugement qui le renfermait ; il n'y a donc dans le raisonnement que des jugemens, et par conséquent des sensations.

L'ensemble de toutes ces facultés se nomme

entendement; on ne saurait s'en faire une idée plus exacte. (*Log.*, même chap.)

En considérant nos sensations comme représentatives, nous venons d'en voir sortir toutes les facultés de l'entendement : si nous les considérons comme agréables ou désagréables, nous en verrons sortir toutes les facultés qu'on rapporte à la volonté.

La souffrance qui résulte de la privation d'une chose dont la jouissance était une habitude, est le besoin.

Le besoin a divers degrés : plus faible, c'est le malaise; plus vif, il prend le nom d'inquiétude. L'inquiétude croissante devient un tourment.

Le besoin dirige toutes les facultés sur son objet : cette direction de toutes les forces de nos facultés sur un seul objet, est le désir.

Le désir, tourné en habitude, est la passion.

Le désir, rendu plus énergique et plus fixe par l'espérance, le désir absolu (*Traité des Sensations*, 1re part., chap. 3) est la volonté. Telle est l'acception propre du mot *volonté*; mais on lui donne souvent une signification plus étendue, et on la prend souvent pour la réunion de toutes les habitudes qui naissent des désirs et des passions.

En résumé, on appelle *entendement* la réunion de la sensation, de l'attention, de la comparaison, de la mémoire, du jugement, de la réflexion, de l'imagination et du raisonnement ; on appelle *volonté* la réunion de la sensation agréable ou désagréable, du besoin, du malaise, de l'inquiétude, du désir, de la passion, de l'espérance et du phénomène spécial que l'espérance, jointe à la passion, détermine. La *pensée* est la réunion de toutes les facultés qui se rapportent à l'entendement et de toutes celles qui se rapportent à la volonté. Et comme l'élément générateur de la volonté et de l'entendement est la sensation représentative ou affective, l'élément générateur de la pensée est, en dernière analyse, la sensation.

Tel est, selon Condillac, le système des facultés de l'ame, système qui devrait faire abandonner tous les autres, si la simplicité et la clarté étaient les seules ou même les plus importantes qualités que l'on exige d'un système philosophique. « Mais, observe très-bien M. La-
» romiguière, si cette clarté était plus appa-
» rente que réelle, si cette simplicité laissait
» échapper ce qu'il importe le plus de retenir
» sous les yeux de l'esprit, si elle était l'oubli
» de quelque condition nécessaire à la solution

» du problème, si le principe d'où part Con-
» dillac ne contenait pas tout ce qu'il en dé-
» duit, et si le fil des déductions se trouvait
» rompu plusieurs fois, alors, entre un système
» simple, facile, ingénieux, mais manquant
» d'exactitude, et un système plus approchant
» de la vérité, fût-il présenté sous des formes
» moins heureuses, il n'y aurait pas à balancer :
» car la simplicité est une chose relative à nous;
» au lieu que la vérité est une chose indépen-
» dante de la faiblesse de notre esprit. » (T.
Ier, troisième leçon.)

Or M. Laromiguière, après un long examen,
prétend, et il établit, selon nous, très-solide-
ment, qu'il n'est point vrai que la sensation
soit l'unique élément de la pensée, de l'entendement et de la volonté. Il croit qu'entre nos
facultés et la sensation il y a un véritable
abîme.

En effet, pour ne parler d'abord que de
l'entendement, les facultés qui s'y rapportent
ne peuvent venir de la sensation qu'autant que
l'attention elle-même en dériverait. La sensation, dit M. Laromiguière, est passive, l'attention est active; l'attention ne vient donc pas
de la sensation : le principe passif n'est pas la
raison du principe actif; l'activité et la passi-

vité sont deux faits que l'on ne peut confondre.

Si l'attention ne dérive pas de la sensation,
si elle est son principe à elle-même, elle échappe
à toute définition. En effet, la définition d'une
idée n'est possible qu'autant qu'on a une idée
antérieure, de laquelle dérive celle qu'on se
propose de définir : d'où il suit que l'idée fondamentale d'une science ne peut jamais être
définie ; car l'idée fondamentale d'une science
en est l'idée première, et par conséquent une
idée qui n'en a pas d'antérieure. L'activité ne
se définira donc pas : elle ne se démontrera pas
non plus ; car elle est un fait, et les faits n'em-
pruntent pas leur évidence de celle du raisonnement ; ils ont une évidence qui leur est propre. Seulement M. Laromiguière en appelle au
témoignage des langues : « Partout, dit-il, on
» *voit* et l'on *regarde*; on *entend* et l'on *écoute;*
» on *sent* et l'on *flaire*; on *goûte* et l'on *sa-*
» *voure ;* on reçoit l'impression mécanique des
» corps, et on les remue. Tout le genre humain
» sait donc, et ne peut pas ne pas savoir, qu'il
» y a une différence entre voir et regarder, en-
» tre écouter et entendre : il sait, en d'autres
» termes, que nous sommes tantôt passifs et
» tantôt actifs ; que l'ame est tour à tour pas-

» sive et active. » (Tom. Ier , quatrième leçon, p. 92.)

Si cette distinction est fondée, et nous la
croyons incontestable, il en résulte que le système entier de l'entendement repose, en dernière analyse, non sur la sensation, mais sur
l'attention, sur l'activité de l'ame; tandis que
la faculté de sentir, que M. Laromiguière propose d'appeler *capacité de sentir*, pour mieux
marquer sa passivité, n'est que l'occasion de
l'exercice de l'activité intellectuelle, lui fournit des matériaux, mais ne la constitue pas.

La même différence essentielle, établie entre
la sensation et l'attention, relativement à l'intelligence, M. Laromiguière la retrouve entre
le malaise et l'inquiétude, entre le besoin et
le désir, relativement à la volonté. Le malaise
est un sentiment ou une sensation passive : l'inquiétude est le passage du repos à l'action.
« Pour que l'inquiétude fût la même chose
» que le malaise, ou une transformation du
» malaise, il faudrait que le repos pût se trans-
» former en mouvement. » (Tom. Ier, cinq.
leçon, pag. 138.) L'inquiétude déterminée,
portée sur un objet particulier, c'est le désir ;
le désir, et non pas le besoin, phénomène passif comme le malaise, est donc le véritable

principe, le principe actif des facultés de la
volonté : le malaise et le besoin sont bien l'occasion du désir, mais ils n'en sont pas la raison; car la raison d'un fait ne peut être trouvée
que dans un fait similaire ou analogue, et le
désir et le malaise sont entièrement dissem-
blables, selon M. Laromiguière.

Ainsi, pour la volonté comme pour l'entendement, l'activité est le vrai point de départ
de toutes les facultés humaines, et la pensée,
qui comprend l'entendement et la volonté,
repose tout entière sur l'activité, c'est-à-dire,
sur l'attention. L'attention est le principe de
M. Laromiguière, comme la sensation est celui
de Condillac. La différence qui les sépare est
donc grave, comme nous l'avions annoncé,
puisque c'est celle de la passivité à l'activité.

Quant à la ressemblance qui rapproche encore des théories opposées l'une à l'autre dans
leur fondement, elle est délicate, et plus difficile à exposer et à saisir. M. Laromiguière
n'admet pas, comme Condillac, que l'attention
vienne de la sensation : mais, aussitôt qu'il est
arrivé à l'attention par d'autres chemins que
Condillac, il rentre dans les voies de ce dernier, et, comme lui, il déduit de l'attention
toutes les facultés de l'entendement, et du dé-

sir toutes celles de la volonté. Il y a bien encore quelques légères différences dans l'arrangement et dans le langage, il n'y en a point dans l'analyse des faits et dans leur déduction. Or nous pensons que M. Laromiguière est plus heureux dans les différences que dans les ressemblances : à peu près d'accord avec lui sur les points qui lui appartiennent en propre, nous avouons franchement que nous nous en séparons entièrement pour la partie qui se rapproche davantage de Condillac. Une exposition fidèle et détaillée de cette partie de la doctrine contenue dans les Leçons de philosophie doit en précéder la critique : il faut montrer comment le savant professeur analyse les facultés de l'entendemeut et de la volonté, comment il les enchaîne entre elles, afin de prouver que son analyse n'est pas toujours exacte, et que la chaîne de ses déductions se rompt dans plusieurs endroits.

Le système des facultés de l'ame commence, selon M. Laromiguière, non pas à la sensation, mais à l'attention, la première de nos facultés actives. L'attention, dans son double développement, produit successivement toutes les facultés, et celles dont se compose l'entendement, et celles dont se compose la volonté.

Les facultés de l'entendement sont diverses, mais on peut les réduire à trois : d'abord, l'attention, la faculté fondamentale ; puis la comparaison, puis enfin le raisonnement. Dans ces trois facultés rentrent toutes les autres facultés intellectuelles. Le jugement est, ou la comparaison elle-même, ou un produit de la comparaison ; la mémoire n'est encore qu'un produit de l'attention , ou ce qui reste d'une sensation qui nous a vivement affectés; la réflexion, se composant de raisonnemens, de comparaisons et d'actes d'attention , n'est pas une faculté distincte de ces facultés; l'imagination n'est que la réflexion lorsqu'elle combine des images; enfin l'entendement est la réunion des trois facultés élémentaires et des autres facultés composées qui leur servent de cortége : or la réunion de plusieurs facultés n'est pas une faculté réelle ; ce n'est qu'une faculté nominale , un signe sans valeur propre et sans réalité. Il n'y a de réel que les trois facultés élémentaires : je dis élémentaires, parce que, dans leur développement, elles engendrent d'autres facultés; mais, dans le vrai, il n'y a de faculté élémentaire, selon M. Laromiguière, que l'attention. En effet, la comparaison n'est que l'attention, l'attention double, l'attention

donnée à deux objets , de manière à discerner
leurs rapports ; sans attention , point de comparaison possible ; et sans comparaison , point
de raisonnement , car le raisonnement n'est
qu'une double comparaison; il naît de la comparaison , comme la comparaison naît de l'attention : l'entendement est donc tout entier
dans l'attention.

Quant à la volonté, son point de départ, ou
sa faculté élémentaire , est le désir ; comme
l'attention est le point de départ , la faculté
élémentaire de l'entendement. Le désir engendre , comme l'attention, deux autres facultés,
ni plus ni moins ; savoir , la préférence et la liberté. La préférence est au désir ce que la
comparaison est à l'attention ; et la liberté est
à la préférence ce que la raison est à la comparaison. Comme les facultés élémentaires de l'entendement élèvent successivement des facultés
secondaires qui interviennent dans leur exercice, de même les trois facultés élémentaires de
la volonté, savoir, le désir, la préférence et la
liberté, se compliquent successivement de diverses facultés secondaires auxquelles elles
donnent naissance; telles que le repentir et la
délibération. Le repentir naît à la suite de la
préférence : il n'entre pas dans les facultés in-

tellectuelles de M. Laromiguière, quoiqu'il
soit une faculté, selon Condillac. Mais, selon
M. Laromiguière, le repentir appartient à la
sensibilité ; la délibération suit la préférence et
précède la liberté : on peut d'abord préférer
sans avoir délibéré ; mais si l'acte de préférence a été suivi de repentir, on ne préfère plus
de nouveau sans délibérer ; or la préférence
après délibération, c'est la préférence libre,
la liberté. Désir, préférence, liberté, voilà les
trois facultés réelles, leur réunion est la volonté : comme la réunion de plusieurs facultés n'est
point une faculté réelle, la volonté n'est point
une faculté propre, mais une faculté nominale,
un signe, ainsi que l'entendement, et rien de
plus.

En résumé, il y a donc six facultés réelles et
deux facultés nominales : or ces deux facultés
nominales, l'entendement et la volonté, se réunissent dans la pensée. La pensée, réunion de
facultés, n'est pas une faculté, ce n'est pas
même un signe représentatif de facultés ; ce
n'est qu'un signe représentatif de signes, puisque la volonté et l'entendement, dont la pensée
est le signe, ne sont pas des facultés réelles,
mais des signes ou appellations collectives de
facultés. Par ces expressions, *entendement* et

volonté, il ne faut donc entendre réellement
autre chose que l'attention, la comparaison, le
raisonnement, d'un côté, et, de l'autre, le désir, la préférence et la liberté; facultés réelles,
qui se développent dans deux sphères différentes, mais dans le même rapport, et sans que
l'un ou l'autre de ces deux ordres de facultés
dépasse l'autre dans son développement , ou
reste en deçà. Le développement de l'attention
se fait de trois façons différentes, qui se reproduisent fidèlement dans les développemens du
désir. Le parallélisme est parfait; mais le com-
ble de l'art était, non-seulement d'établir ces
deux lignes parallèles, mais de les faire se toucher dans un point, et même de manière à établir entre elles mieux qu'un rapport de coïncidence, un rapport de génération : n'est-ce pas
établir un rapport de génération entre l'entendement et la volonté que de tirer toutes les facultés de la volonté, du désir, lequel, selon
Condillac et M. Laromiguière, *est la direction
de toutes les facultés de l'entendement vers un
objet dont on a besoin* (t. Ier, 4e leçon, p. 104)?
Tant que le besoin ne se mêle point à l'action
de nos facultés, ces facultés, savoir, l'attention,
la comparaison, le raisonnement ne s'exercent
pas moins : mais que le besoin intervienne, les

trois facultés se réunissent dans une direction commune; voilà le désir. Or, comme, selon M. Laromiguière lui-même, le besoin n'est pas une faculté, mais un simple phénomène sensible, entièrement étranger à l'activité, il s'ensuit que l'activité, et les facultés qui en dérivent, restent ce qu'elles sont, quand même le besoin n'intervient pas dans leur exercice; de sorte qu'essentiellement le désir n'est qu'un mode de l'activité, l'activité concentrée sur un objet dont il se trouve que la sensibilité a besoin, circonstance tout-à-fait accidentelle. Au fond, le désir est donc l'activité elle-même; seulement l'activité ne s'exercerait pas comme elle le fait dans le désir, si le besoin n'intervenait, non comme fondement et comme principe, mais comme une simple condition préalable. L'activité, c'est-à-dire l'attention, est le vrai principe du désir, puisqu'elle est le principe des facultés intellectuelles, dont le désir n'est que la concentration. L'attention est donc le principe unique, non-seulement de l'entendement, mais aussi de la volonté, et par conséquent de la pensée tout entière, c'est-à-dire, de l'homme. Ceci achève le système de M. Laromiguière : jusqu'ici ce système était double, maintenant il est vraiment un, et le parallélisme se résout dans l'unité absolue. Opposé d'ailleurs à Condillac, puisqu'il fonde toute sa doctrine sur l'attention, essentiellement distincte de la sensation, M. Laromiguière s'en rapproche cependant, en ce qu'il tend également à ramener toutes les facultés à l'unité. L'unité de nos deux auteurs ne se ressemble guère, mais enfin c'est toujours de l'unité. Voilà une ressemblance dans l'application, que nous avions signalée dans la méthode ; et cette ressemblance est fondamentale. Seulement il faut reconnaître que l'unité de M. Laromiguière est plus savante que celle de son devancier, et ses combinaisons plus systématiques. Condillac, en tirant de la sensation, comme élément unique, toutes les facultés humaines, se contente de les séparer en deux classes, celles qui se rapportent à l'entendement et celles qui se rapportent à la volonté, et de marquer dans chacune de ces classes le mode successif de leur développement. Il les énumère toutes ; mais ni dans chaque classe il ne détermine quelles sont les facultés principales, ni dans les deux classes il ne montre le rapport plus ou moins intime des facultés correspondantes. Mais M. Laromiguière, en partant de l'attention comme élément unique, ne se contente pas d'engendrer

successivement toutes nos facultés intellectuelles ou morales; il détermine avec précision
le nombre exact et le mode de génération progressive des diverses facultés élémentaires de
chaque classe. Il n'y a que trois facultés pour
chacune d'elles. La volonté n'en contient pas
plus que l'entendement, ni l'entendement que
la volonté; le rapport de génération qui unit
les facultés de la première série, unit également
toutes celles de la seconde. Partout identité de
nombre, partout identité de développement.
La simplicité de Condillac disparaît devant
celle-là; sa régularité est le chaos devant celle
de M. Laromiguière. En effet, quoi de plus
simple et de plus régulier qu'un tel système?
Figurez-vous d'abord trois facultés, dont la
seconde sort de la première, dont la troisième
sort de la seconde exactement de la même manière : voilà l'entendement. Figurez-vous ensuite trois nouvelles facultés parallèles, dont
la première sort des trois premières réunies,
comme la dernière de ces trois autres sortait
des deux précédentes; de telle sorte que cette
première faculté, savoir le désir, dans ses deux
transformations progressives, produit la préférence, puis la liberté, comme on avait vu sortir de l'attention la comparaison, puis le rai-

sonnement : voilà la volonté. Volonté et entendement, voilà deux signes distincts à la fois et correspondans, qui résument leurs facultés respectives, et se résument elles-mêmes dans un signe plus général, la pensée. Ici les réalités et les signes, les idées individuelles et les idées abstraites, se prêtent un mutuel appui, et présentent à l'œil charmé l'aspect et le jeu du plus heureux mécanisme. Je le demande, est-il un objet de la nature et de l'art qui se compose et se recompose, se démonte et se remonte avec plus de souplesse et de grâce, et dont on suive les mouvemens avec plus de facilité, que l'homme de M. Laromiguière? Est-il un édifice dont toutes les divisions, les compartimens et les dessins soient plus également, plus symétriquement ordonnés; où les moindres détails soient arrêtés et finis avec une précision plus subtile, une élégance plus scrupuleuse?

Nous l'avouons, cet ordre si parfait et si achevé, s'il ne rappelle pas la grande manière des artistes de l'antiquité, semble reproduire encore moins les procédés de la nature, qui ne marche point avec tant de précaution et ne fait rien de si minutieusement compassé. *A priori*, dans les arrangemens métaphysiques de M. Laromiguière, il est bien difficile de ne pas redouter quelque chose d'artificiel. Quoi ! la nature nous a donné trois facultés de l'entendement, et non pas deux, et non pas quatre ! et il s'est trouvé qu'elle a fait la même chose pour la volonté ; et encore, que ces deux ordres de facultés se forment et se combinent avec une aussi rigoureuse identité ! En vérité, la nature a traité l'homme bien favorablement pour la métaphysique. Il semble qu'elle l'ait fait ainsi tout exprès pour qu'on pût l'analyser et l'expliquer d'une manière si simple et si nette à l'attention la plus superficielle, qu'en dépit d'elle, elle ne pût pas ne pas le comprendre. Tant que la nature ne sera pas plus grande, la science humaine ne sera pas bien difficile. Malheureusement, ou heureusement pour nous, il n'en est point ainsi ; et quand la simplicité du système de M. Laromiguière ne nous défendrait pas elle-même de ses propres séductions, un examen attentif et l'expérience nous démontreraient que le système du savant professeur est purement artificiel ; qu'il ne répond point aux choses ; qu'il réunit ce qu'il faudrait séparer ; et que, sur plusieurs points importans, les faits dérangent sa belle harmonie, son élégante et facile structure.

Nous examinerons d'abord l'entendement et

ses facultés, lesquelles, selon M. Laromiguière,
sont au nombre de trois : savoir, l'attention,
la comparaison, le raisonnement.

Plus nous y réfléchissons, moins il nous est
facile de comprendre comment l'intelligence
humaine se trouve renfermée tout entière
dans ces trois facultés. Il ne nous paraît pas
vrai de dire que l'entendement ne soit qu'un
mot, un pur signe, et que la véritable réalité
se trouve dans l'attention, la comparaison et
le raisonnement. Être attentif, est sans doute
une condition pour comprendre; il faut comparer pour pouvoir juger, et l'opération du
raisonnement amène sous les yeux de l'esprit
des vérités cachées sous d'autres vérités : mais
ces nouvelles vérités, si c'est le raisonnement
qui permet à l'esprit de les apercevoir, ce n'est
pas le raisonnement qui les aperçoit; raisonner
est une chose, saisir et comprendre les vérités
de raisonnement est une autre chose. L'affir-
mation irrésistible, la compréhension vive et
absolue que deux idées se conviennent, est une
opération tout autre que celle du rapprochement de ces deux idées, que souvent on rapproche très-laborieusement, sans pouvoir en
surprendre le rapport. L'attention la plus ferme, la plus soutenue, n'est pas non plus cette

lumière qui nous révèle la vérité à la recherche
de laquelle nous appliquons notre attention.
Au fond, l'attention n'est qu'un acte de volonté; nul n'est attentif qui ne veut l'être;
mais ne comprend pas qui veut comprendre,
et l'attention ne contient pas plus l'intelligence,
que la sensibilité elle-même ne contient l'attention. Ainsi, pour expliquer ma pensée par
un exemple vulgaire, avoir les yeux ouverts
devant un livre de mathématiques, percevoir
l'impression des caractères, être affecté de
toutes les sensations qui sortent de la présence
de ce livre, est une condition, et même une
condition préliminaire indispensable pour que
l'esprit puisse découvrir le sens intellectuel et
mathématique qui y est contenu. De plus, il
est nécessaire que l'activité volontaire, profondément distincte de la sensibilité, s'y ajoute
et se dirige sur les pages placées sous nos yeux;
il faut que l'attention, vigilante et sévère,
écarte les sensations diverses, les images, les
idées, toutes les distractions qui peuvent s'interposer entre l'esprit et le livre; aussitôt que
l'œil cesse de voir et que l'attention défaille,
l'esprit s'arrête et cesse de comprendre. Sentir
et vouloir sont donc nécessaires pour comprendre; mais, tout en reconnaissant la nécessité

de la deuxième condition comme de la première, il ne faut pas croire que la volonté soit
autre chose que la condition de l'intelligence,
et qu'elle en soit le principe ; ce serait une confusion, trop ordinaire il est vrai, mais très-peu
philosophique. Le fait de la perception de la
vérité se cache sous les faits plus apparens de
la sensation et de la volition, et se dérobe d'autant plus facilement à la conscience, qu'il lui
est plus intime : mais ce fait n'est pas moins
réel ; il contient même la partie la plus élevée
de la nature humaine. L'entendement est une
faculté spéciale qui n'a son principe qu'en elle-
même, tout comme la volonté et la sensibilité.
Juger du vrai ou du faux, juger du bien ou du
mal, sont des actes qui n'ont rien à démêler
avec ceux du vouloir, bien qu'un être volontaire et libre puisse seul les porter. Je veux ou
je ne veux pas, je donne mon attention ou je
ne la donne pas ; ici tout est en ma puissance,
et rien n'arrive que ce qui me plaît : mais il
n'en est pas ainsi du jugement. Sans doute je
puis juger ou ne pas juger, en ce sens que je
puis satisfaire ou ne pas satisfaire à la condition
fondamentale de tout jugement, savoir, l'attention. Mais aussitôt que cette condition est
accomplie, alors paraît un fait différent du

premier, et dont les caractères sont tout-à-fait opposés : le premier est libre, le second ne l'est pas. Ce second fait, indécomposable et simple, est la perception de la vérité; perception irrésistible, à laquelle nul homme ne peut se soustraire, et dont la lumière le frappe et l'éclaire nécessairement, lorsque librement d'abord il s'est mis en état de l'apercevoir. Ainsi, pour rappeler l'exemple déjà employé, tout homme est libre d'étudier ou de ne pas étudier l'arithmétique, c'est-à-dire, de diriger ou de ne point diriger son attention sur cette matière; les uns le font, les autres ne le font pas, tous peuvent le faire : mais aussitôt que l'on a dirigé son attention de ce côté, et qu'on a étudié suffisamment, alors il est certain que l'on aperçoit les divers rapports des nombres; on ne fait pas ces rapports, car alors ces rapports pourraient changer au gré de notre volonté qui les aurait faits; par conséquent la volonté n'intervient point dans leur perception : on ne les fait pas, disons-nous; on ne les constitue pas, on les aperçoit. Qui donc les aperçoit? Ce n'est aucune des facultés de l'entendement de M. Laromiguière; ce n'est pas le raisonnement, puisque ce n'est pas la comparaison; ce n'est pas la comparaison puisque ce n'est pas l'attention, ce n'est pas l'attention, puisque ce n'est pas la volonté; encore une fois qu'est-ce donc? Quelque chose qui a échappé à l'analyse de M. Laromiguière et de bien d'autres métaphysiciens; quelque chose qui diffère autant de la volonté qu'elle-même diffère de la sensibilité; qui tient intimement à la personnalité, mais qui s'en distingue; qui gouverne l'homme, et que l'homme ne gouverne pas; une faculté enfin à laquelle on peut donner tous les noms que l'on voudra, pourvu qu'on la conserve et qu'on la décrive fidèlement : l'intelligence, la raison, l'esprit, l'entendement.

Si l'attention ne suffit pas pour expliquer l'entendement, il est facile de montrer en peu de mots que le désir ne suffit pas davantage pour expliquer la volonté, et nous sommes forcés de reconnaître, dans la seconde partie de la théorie des facultés de l'ame, d'aussi graves malentendus que dans la première. Les facultés de l'entendement, tel que le conçoit et le décrit M. Laromiguière, appartiennent plus à la volonté qu'à l'entendement, puisqu'elles reposent sur l'attention, laquelle est très-certainement une faculté volontaire. Or, chose extraordinaire, quand l'attention, c'est-à-dire la volonté développée en comparaison

et en raisonnement, se concentre sur un objet
correspondant à nos besoins, **M.** Laromiguière
prétend qu'elle devient le désir : la métamorphose est impossible ; aucune transformation
ne peut convertir l'attention en désir, à moins
que cette attention ne soit celle de Condillac,
c'est-à-dire involontaire et passive. Dans ce
cas, la transformation est très-facile ; rien n'est
plus aisé que de convertir le passif en passif ;
mais l'attention de **M.** Laromiguière est une
faculté qui n'a rien de passif, une force dont
nous disposons à notre gré, une puissance
volontaire. Or, comment convertir une force,
une puissance, une faculté, la volonté, enfin,
dans le désir, phénomène purement passif ? En
présence de tel ou tel objet correspondant à
mes besoins, il se produit en moi le phénomène
du désir ; ce n'est pas moi qui le produit ; il se
manifeste par des mouvemens souvent même
physiques, que la sensibilité, l'organisation et
la fatalité déterminent. Il ne dépend pas de
moi de désirer ou de ne pas désirer ce qui m'a-
grée. Je puis bien prendre toutes les précau-
tions nécessaires pour que le désir ne s'élève
pas dans mon ame ; je puis bien fuir toutes les
occasions qui l'exciteraient : quand il est né,
je puis bien le combattre ; car ma volonté, qui

est distincte du désir, peut lui résister : mais quand le désir naît, et même quand il meurt, je ne puis ni l'étouffer, ni le ranimer ; il m'assaille ou il m'échappe malgré moi. Voilà pourquoi Condillac tire le désir du besoin. Sans doute il a tort de faire sortir nos facultés morales du désir ; mais il a raison d'avoir tiré le désir du besoin, qui s'engendre facilement de la sensation, principe de tout son système. Mais comment M. Laromiguière, qui veut échapper à la sensation, qui, pour cela, retranche le besoin du nombre des facultés morales, y conserve-t-il le désir, qui se trouve là isolé et flottant entre des facultés morales qu'il n'engendre pas, et des facultés intellectuelles dont il ne dérive point ; de sorte qu'il n'appartient ni aux unes ni aux autres, et que le système est frappé à la fois du double vice de faire sortir le désir des facultés intellectuelles volontaires qui lui sont entièrement étrangères, et de tirer du désir la préférence et la liberté, qui lui sont aussi opposées qu'au besoin ? car le désir et le besoin sont frères ; ils naissent tous deux de la sensation. Ici se fait sentir, plus explicitement que partout ailleurs, l'empire que Condillac retient encore sur son disciple. C'est en effet dans Condillac qu'il faut chercher le mode de

déduction par lequel M. Laromiguière tire la
liberté et la préférence, phénomènes éminemment actifs, du désir, phénomène passif.

Nous aurions encore quelques objections à
présenter, sur lesquelles nous insisterons peu ,
parce qu'elles pourraient nous mener trop loin.
Si la préférence est antérieure à la liberté, et
par conséquent à la volonté, elle n'est donc
pas volontaire et libre ; qu'est-ce alors que la
préférence de M. Laromiguière? Elle a bien l'air
d'un désir exclusif, d'un besoin prédominant,
c'est-à-dire, d'un simple mouvement organique. De plus, M. Laromiguière réunit sous la
dénomination générale de volonté le désir, la
préférence et la liberté , comme il avait réuni
sous la dénomination générale d'entendement
les trois facultés d'attention, de comparaison
et de raisonnement. Si M. Laromiguière n'attache pas plus de réalité à la volonté qu'à l'entendement , nous lui demanderons s'il est bien
vrai qu'il n'y ait point dans l'ame humaine un
fait réel et spécial de la volition , tout-à-fait
distinct du désir ; et si M. Laromiguière pense
que la volonté est un fait, et non pas un mot,
nous lui demanderons si ce fait contient la liberté tout entière , ou s'il ne serait pas plus
vrai de dire que la volonté n'est qu'une forme

de la liberté; en d'autres termes, si la liberté est volontaire, ou si la volonté est libre. Mais ces questions nous conduiraient trop loin. Nous conclurons, en ramenant cette idée générale, que la doctrine des *Leçons de philosophie* sur les facultés de l'ame, appartient à la fois et à Condillac, dont elle reproduit en grande partie le système, et à M. Laromiguière, qui, en plusieurs endroits, s'est frayé des sentiers nouveaux.

Ce caractère que nous venons de signaler dans la théorie des facultés de l'ame, nous le retrouvons encore dans le système des idées, c'est-à-dire, dans les produits des facultés de l'ame, auxquels le second volume de M. Laromiguière est consacré.

Sur cette importante théorie, la méthode philosophique semblait recommander deux choses : 1° de rechercher quelles sont les idées qui se trouvent réellement aujourd'hui dans l'entendement humain, quels caractères les rapprochent ou les séparent, et peuvent servir de base à une classification exacte et complète; 2° de déterminer leur origine et leur mode de génération. Ces deux points sont très-distincts, et leur ordre ne peut guère être impunément interverti. Vouloir se placer d'abord aux sour-

ces primitives et mystérieuses d'où l'intelligence découle, et reconnaître d'un premier
coup d'œil les canaux délicats à travers lesquels elle est arrivée à la forme et aux caractères qu'elle présente aujourd'hui, c'est vouloir
débuter par une hypothèse dont les résultats
systématiques ne reproduisent pas toujours la
réalité. La marche opposée, qui part de la réalité telle qu'elle est actuellement, sauf à rechercher ensuite d'où elle vient, est moins
ambitieuse, mais plus sûre ; elle est la seule
qu'une saine philosophie puisse avouer.

Le vice fondamental de la méthode de Condillac est précisément d'avoir voulu enlever en
quelque sorte l'origine et la génération des idées,
avant d'en avoir donné une classification sévère ; et l'on reconnaît en général tous les élèves de cette école à l'importance exclusive qu'ils
attachent à la question de l'origine des idées.
M. Laromiguière aussi s'y arrête spécialement,
et ses recherches à cet égard embrassent la
plus grande partie des leçons que contient ce
second volume.

Mais quelle que soit sa place légitime, quelles que soient en elles – mêmes les difficultés
qui l'embarrassent, la question de l'origine des
idées ne se résout-elle pas sans effort, ou, pour

mieux dire, n'est-elle pas résolue d'avance par le système général de M. Laromiguière? Si nos idées sont les produits de nos facultés, et si nos facultés ne sont que l'activité elle-même s'exerçant sur les données sensibles , ne suit-il pas rigoureusement que les idées ne peuvent être que le produit de l'activité ou de l'attention travaillant sur les matériaux que lui fournit la sensibilité; la sensibilité, disons-nous, et nulle autre source. La plus légère incertitude sur ce point énerverait et obscurcirait la théorie générale et la mettrait en contradiction avec elle-même.

En effet , M. Laromiguière , lorsqu'il passe de la théorie des facultés de l'ame à celle des idées , établit que toutes nos idées dérivent du travail de nos facultés sur les données sensibles : mais tout à coup il revient sur ces expressions de *données sensibles, sensibilité, capacité de sentir* ; et , leur imposant une acception plus étendue que celle que la langue, l'usage, la théorie de Locke , de Condillac et la sienne propre , leur accordent ordinairement, il métamorphose subitement la sensibilité, que jusque-là , sur la foi de ses propres explications , nous avions cru suffisamment connaître , en une sensibilité nouvelle, douée de propriétés

extraordinaires , et comprenant des phénomènes que jusqu'alors on ne lui avait point attribués. La faculté de sentir reste toujours le
fonds primitif et unique de toutes les idées , et
nous ne pouvons savoir que parce que d'abord
nous avons senti : mais il y a bien des manières
de sentir ; et c'est sur ces diverses manières de
sentir que repose la théorie des idées.

Selon M. Laromiguière, il y a dans la sensibilité quatre modes, quatre élémens.

La première manière de sentir est produite
par l'action des objets extérieurs (tom. II, 11e
leçon , pag. 58) ; voilà la sensation.

La deuxième manière de sentir est produite
par l'action de nos facultés (tom. II , pag. 65).

Quand nos facultés et l'attention qui est leur
principe, s'appliquent à la sensation, elles produisent les idées sensibles; quand l'attention
s'applique à la conscience d'elle-même et des
facultés qu'elle engendre , elle acquiert les
idées des facultés de l'ame.

Si M. Laromiguière eût ajouté que toutes les
idées possibles ne sont que le développement
et la combinaison de celles-là , savoir, les idées
sensibles et les idées des opérations de l'ame,
il aurait rencontré le système de Locke, fondé
sur la réflexion et la sensation , système que

Condillac détruisit pour le simplifier, en ré-
duisant la réflexion à un mode de la sensation;
si, dis-je, M. Laromiguière s'était arrêté à ce
point, il eût été conséquent à l'idée générale
de son système, dont le but avoué ne fut jamais que de rétablir l'activité de l'ame, et
l'indépendance de nos facultés, confondues
par Condillac avec la sensation : mais il ne s'arrête pas là; et, s'écartant brusquement de
Locke et de son propre système, il prétend que
l'homme n'est point borné à ces deux sources
de connaissances, insuffisantes pour expliquer
toutes les idées. « D'où nous viendraient, dit-
il (page 64), les idées de ressemblance, d'analogie, de cause et d'effet ? aurions-nous les
idées du bien et du mal moral ? »

Voilà pourquoi il admet deux autres sources
d'idées, c'est-à-dire, deux nouveaux modes
de sentir.

Lorsque nous avons plusieurs idées à la fois,
il se produit en nous une manière de sentir
particulière; nous sentons entre ces idées des
ressemblances ou des différences, des rapports.
Nous appellerons cette manière de sentir qui
nous est commune à tous, sentiment de rapport, ou *sentiment-rapport* (page 70). Quand
l'attention s'applique à ces sentimens de rap-

port, les démêle et les éclaircit, elle produit les idées de rapport.

Quant à la quatrième manière de sentir, nous laisserons à M. Laromiguière le soin de l'exposer lui-même.

« Il est une quatrième manière de sentir qui paraît différer des trois que nous venons de remarquer, plus encore que celles-ci ne diffèrent entre elles.

« Un homme d'honneur, je parle dans l'opinion ou dans les préjugés de l'Europe, un homme d'honneur se sent frappé ; jusque-là c'est une sensation qu'il reçoit, et une idée sensible qui en résulte. Mais s'il vient à s'apercevoir qu'on a eu l'intention de le frapper, quel changement soudain ! le sang bouillonne dans ses veines ; la vie n'a plus de prix, il faut la sacrifier pour venger le plus ignominieux des outrages. Lorsque nous apercevons, ou seulement lorsque nous supposons une intention dans l'agent extérieur, aussitôt au *sentiment-sensation* qu'il produit sur nous se joint un nouveau sentiment qui semble n'avoir rien de commun avec le sentiment-sensation ; aussi prend-il un autre nom : on l'appelle *sentiment moral*.

« Ici se montrent les idées du juste et de

l'injuste, de l'honnête, les idées de générosité, de délicatesse, etc. »

En résumé, il y a quatre sentimens distincts les uns des autres, le sentiment moral, le sentiment-rapport, le sentiment-action des facultés de l'ame, et le sentiment-sensation, c'est-à-dire, le sentiment des impressions perçues à l'occasion des objets extérieurs ; de là les idées de sensation, les idées des facultés humaines, les idées de rapport, les idées morales ; de sorte que la source de toutes ces idées est le sentiment et non pas la sensation, et qu'il faut distinguer entre la sensibilité proprement dite, celle des sens, et une autre sensibilité entièrement distincte de la première, et qui contient, avec le sentiment-sensation, le sentiment de rapport, le sentiment moral, et le sentiment des facultés de l'ame. Ainsi ce ne serait pas assez d'avoir séparé l'activité de l'ame de la sensation. Il ne faudrait pas croire, avec ces deux élémens distincts, avoir expliqué tout l'homme ; il ne faudrait pas dire que « dans l'esprit humain tout peut se réduire à trois choses, aux sensations, au travail de l'esprit sur ces sensations, et aux idées ou connaissances résultant de ce travail (t. I, p. 95). »

4.

Il ne faut pas dire que : « Tel est l'ordre de développement de l'esprit humain :

« 1º Sensations, opérations ; premières idées provenant des sensations et des opérations, et par conséquent idées sensibles.

« 2º Premières idées, ou idées sensibles ; nouveau travail, nouvelles idées.

« 3º Nouvelles idées, nouveau travail, nouvelles idées, et toujours de même, sans qu'on puisse assigner de bornes à ces développemens de l'intelligence (tom. I, pag. 98). »

Il faudrait intervertir cet ordre et placer de niveau avec les sensations et le sentiment de l'activité, comme élémens nouveaux et essentiellement étrangers, le sentiment-rapport et le sentiment moral ; élargir la base du système, en multiplier les principes, en changer tout l'aspect, sauf à en garder la phraséologie : c'est ce qu'a fait M. Laromiguière.

Les quatre manières de sentir constituent-elles quatre phénomènes essentiellement distincts ? Oui, répond, dans sa quatrième leçon, M. Laromiguière. Alors pourquoi donc leur donner un nom commun ? L'objection est très-simple ; selon nous, elle est invincible. Dira-t-on que l'on voulait rapporter en général toutes les sources des connaissances humaines à la sensibilité, pour s'accorder, dans les formules générales, avec une théorie qui a long-temps régné, en donnant toutefois à la sensibilité une acception assez vaste pour pouvoir y faire entrer des faits nouveaux et importans que, depuis quelques années, l'opinion ramène dans les discussions philosophiques? C'est là une raison d'auteur, non de philosophe. La philosophie est l'expression de ce qui est, et non pas un dictionnaire arbitraire. Toute confusion de choses distinctes est une violence faite aux choses, et par conséquent à la vérité ; tout rapport chimérique doit être retranché de la science, toute analogie verbale renvoyée à la scolastique. Certainement il n'y a aucun rapport réel entre le sentiment-sensation, pour parler la langue de M. Laromiguière, le sentiment-rapport, le sentiment moral et celui de l'action de nos facultés. Être frappé par les impressions du dehors, jouir ou souffrir, est un phénomène qui n'a rien de commun avec celui de la volonté et des facultés dont elle est le principe. Maintenant en quoi les phénomènes sensibles et volontaires ressemblent-ils à ces jugemens rationnels par lesquels nous affirmons le vrai ou le faux, le bien et le mal, et prononçons sur les rapports des choses et sur les rapports des hommes? L'opération de l'esprit qui juge est-elle celle qui veut? est-elle la jouissance ou la souffrance? Qu'on le prouve, autrement que l'on renonce à toute assimilation verbale. Au fond, ou le sentiment de rapport et le sentiment moral sont des modifications de la sensation, et dans ce cas ils peuvent et doivent porter le même nom; et alors le système général de M. Laromiguière, savoir, que tout dérive de la sensibilité et de l'attention, est vraiment un système; ou le sentiment-rapport et le prétendu sentiment moral ne sont point des modifications de la sensation, et alors, en dépit de tous les abus de langage, l'attention, c'est-à-dire, la volonté, et le mot abstrait, collectif et vague de sentiment et sensibilité, n'expliquent point tous les phénomènes de l'intelligence. Or, d'un côté, M. Laromiguière prouve que le sentiment de rapport et le sentiment moral ne sont pas réductibles aux deux autres phénomènes de la sensation et de l'attention, et par-là il renverse son système : de l'autre côté, après avoir séparé dans le fait, il confond dans le terme; après avoir distingué fortement le sentiment moral et le sentiment de rapport de la sensation et des opérations de nos facultés, il donne à tout cela une dénomination commune, réparant par l'identité fictive du mot des distinctions et des oppositions réelles, et relevant son système par un de ces arrangemens de grammaire ingénieux et vains, qui consumèrent stérilement l'oiseuse activité des péripatéticiens du moyen âge, loin des choses et de la nature.

Sans doute, dans le langage ordinaire, les phénomènes les plus élevés de la raison sont appelés des sentimens. En effet, c'est une loi de la nature humaine, qu'à la suite des jugemens les plus purs se manifestent, dans la sensibilité, des mouvemens parallèles qui réfléchissent la raison sous des formes passionnées. C'est la raison seule qui aperçoit le vrai, le bien et le beau d'une aperception pure, calme, absolue comme la beauté, la vertu et la vérité elles-mêmes; mais en même temps, la sensibilité, qui enveloppe de toutes parts l'esprit humain, par un contre-coup plus ou moins énergique, entre en exercice, et mêle ses phénomènes aux phénomènes intellectuels. La géométrie est vraie, et en même temps elle a ses jouissances pour Leibnitz et pour Descartes. La raison, en présence de telle ou telle action, prononce qu'elle est juste ou héroïque, avec autant d'assurance, avec autant de sang froid que s'il s'agissait de vérités mathématiques; mais la sensibilité ébranlée complique bientôt le phénomène rationnel de mouvemens étrangers, qui souvent l'étouffent, toujours l'obscurcissent, et impriment au phénomène total leur forme particulière. De là l'expression unique et simple de sentiment employée pour représenter un fait complexe : mais le philosophe, dont le devoir est de séparer les faits, reconnaît aisément sous l'expression de sentiment, sentiment-rapport ou sentiment moral, le fait rationnel, qui précisément par sa pureté et sa simplicité trompe la conscience inattentive, et se cache en quelque sorte sous le fait sensible qui le surmonte, et le couvre de toute la vivacité et de toute l'énergie attachées à la passion. En effet, la raison nous échappe par son intimité même. Des jugemens irrésistibles n'exigeant aucun effort, n'avertissent point de leur présence, s'accomplissent et passent inaperçus dans les profondeurs de l'ame. Il semble que l'homme ne puisse contempler la lumière qu'au dehors de lui-même, dans la clarté apparente de ces faits extérieurs que l'ame aperçoit d'autant plus aisément qu'ils lui sont plus étrangers, ou dans ces faits de conscience, libres et volontaires, qui se manifestent dans l'effort même que l'ame fait pour les produire. La vraie lumière, la lumière intérieure luit dans les ténèbres et comme ensevelie dans l'abîme de notre être.

Il est encore une autre manière d'expliquer M. Laromiguière et la généralité de ce mot sentiment qui, comme nous l'avons vu, est philosophiquement inapplicable aux quatre phénomènes que M. Laromiguière appelle les quatre sources de toutes les idées. Ces phénomènes sont étrangers l'un à l'autre ; par conséquent, ils appartiennent à des propriétés ou facultés différentes ; et l'unité de faculté est une contradiction réelle avec l'essentielle diversité des résultats. Il y a donc réellement quatre facultés ; ou si, comme le pense l'auteur de cet article, on peut ramener à une faculté identique, savoir : la raison, et les jugemens de rapport et les jugemens moraux ; il y aurait trois facultés primordiales : la sensibilité, siége de toutes les autres sensations ; l'activité volontaire et libre, qui contient en elle l'attention, la comparaison, une partie de la réminiscence, etc. ; enfin la raison, qui juge du vrai et du faux, du bien et du mal, du laid et du beau. L'homme est l'union de ces trois facultés. Mais si ces facultés sont essentiellement distinctes, elles ont toutes les trois cela de commun, que l'homme en a conscience. Ce n'est point ici le lieu d'approfondir le phénomène singulier de la conscience; il suffit de le constater. Ce phénomène n'a aucune espèce de rapport originaire et essentiel avec la sensibilité; mais comme la conscience est rapide et fugitive, et comme, encore une fois, pour exprimer ce qui se passe en lui de plus profond et de plus pur, l'homme va chercher des appuis et des images dans cette sensibilité, où tout paraît si évident, il y puise entre autres métaphores celle qui assimile le fait de conscience à un fait sensible : de là l'expression de sentiment substituée à celle de conscience; et comme la conscience comprend tous les faits et les réfléchit tous, le sentiment, avec lequel on la confond, est érigé par là au rang de principe unique des connaissances humaines, quoique la conscience elle-même ne produise aucun fait, et soit un témoin, et non pas un agent ou un juge.

Le principe de la théorie des idées de M. Laromiguière est donc la distinction de quatre élémens de connaissance, de quatre phénomènes primitifs et indépendans les uns des autres, et leur confusion sous une dénomination commune. Le vice du principe accompagne la théorie dans tous ses développemens, engendre à chaque pas des équivoques et des malentendus sans nombre, et répand sur l'ensemble une confusion, une obscurité malheureuse. Il a suffi d'indiquer le vice à son origine; le suivre partout serait une tâche inutile et fatigante. Le bon sens tranche aisément les subtilités verbales; mais en voulant les résoudre en détail, la critique s'y enlace et s'y embarrasse elle-même.

Il est superflu d'ajouter que les réflexions un peu sévères que nous impose la vérité n'affaiblissent en rien les éloges sincères que nous nous sommes plus à donner à l'ouvrage de M. Laromiguière. Les difficultés mêmes dans lesquelles il est tombé témoignent d'autant plus son intention d'abandonner Condillac; et le peu de simplicité réelle cachée sous l'apparente simplicité de son système, prouve les efforts qu'il a faits pour s'éloigner de la route battue. Il quitte Condillac, puisqu'il commence à parler du sentiment moral comme d'un phénomène réel et indécomposable; du sentiment de rapport et de l'activité comme de faits irréductibles à la sensation; là est le mérite de l'auteur. S'il eût été plus loin, s'il eût laissé la nomenclature de Condillac, comme il abandonnait ses idées; s'il eût fait des facultés différentes pour des phénomènes différens, et d'autres noms pour d'autres faits, il aurait été plus conséquent et plus neuf. Mais on ne brise pas tous ses antécédens à la fois; et, au sein des différences graves qui séparent M. Laromiguière de Condillac, il fallait bien que parût toujours le rapport secret, mais intime, qui rattache l'élève au maître.

EXAMEN

DES

LEÇONS DE PHILOSOPHIE

DE M. LAROMIGUIÈRE,

ou

CONSIDÉRATIONS SUR LE PRINCIPE DE LA PSYCHOLOGIE, SUR LA
RÉALITÉ DE NOS CONNAISSANCES ET L'ACTIVITÉ DE L'AME;

PAR MAINE DE BIRAN,

CONSEILLER-D'ÉTAT, MEMBRE DE LA CHAMBRE DES DÉPUTÉS.

(Publié en 1817.)

« ...... Hic actus reflexi, quorum
vi istud cogitamus quod EGO appella-
tur. .... Præcipua largiuntur objecta
ratiociniorum nostrorum. »
LEIBNITZ, Opera, t. 2.

Cet Écrit, destiné d'abord à un journal philosophique et littéraire, a pris une étendue et une forme qui ne pourraient convenir au journal même le plus sérieux : tel qu'il est, ou tel qu'il s'est fait comme de lui-même, il ne saurait guère offrir non plus d'intérêt, ni d'attrait de curiosité au plus grand nombre de lecteurs.

Éloigné, par la nature de son objet, de ce théâtre d'activité universelle où se rattachent tant de pensées, d'espérances, de vœux, de besoins et d'intérêts, cet Ecrit ne s'adresse qu'à ceux qui aiment à se réfugier du dehors au dedans, qui cherchent dans la vie intérieure des consolations, des moyens de force, des motifs d'espérer, des raisons de croire, et la clef de bien des énigmes ; à ceux surtout qui, ayant pensé une fois à la grande question des *existences*, ne peuvent s'empêcher d'y penser toujours, et y reviendront sans cesse jusqu'à ce que le problème soit résolu ou démontré insoluble.

« ...... Quiconque ne vit que
» dans le monde extérieur pour cher-
» cher, observer, juger, employer,
» classer, ordonner les objets sen-
» sibles, sans connaître la vie intel-
» lectuelle......, pourra croire tout
» comprendre et tout expliquer, et
» il ne comprendra rien ; il vivra sans
» se douter du sérieux de la vie, il
» exercera l'activité de son esprit sans
» savoir qu'il a une *ame*......

» ...... Ce n'est pas du sein des
» combinaisons de l'esprit, ni même

» de ce qu'on appelle vulgairement
» la sensibilité, que sort et s'élève ce
» qu'il y a de grand dans la nature
» de l'homme; mais c'est des profon-
» deurs du *moi*, qui se replie sur lui-
» même; c'est-à-dire de l'*ame* (1). »

(1) *Mélanges de Littérature et de Philosophie*, par F. Ancillon, t. 2, p. 184.

EXAMEN

DES

LEÇONS DE PHILOSOPHIE.

———

Ceux qui n'ont pas suivi autrefois le cours de Philosophie de M. Laromiguière, pourront profiter et se plaire à la lecture de son ouvrage; mais ses Leçons *écrites* auront de plus l'intérêt et le charme du souvenir, pour ceux qui assistèrent aux Leçons *orales*.

En ne paraissant pas avec le professeur, le livre a perdu, il est vrai, tout ce que la personne même, le ton, l'accent, la physionomie, le plus remarquable talent de parole, ajoutaient au cours oral, de piquant, de gracieux, de propre à captiver l'attention et à fixer la légèreté même. Mais ce livre est la copie d'un modèle

5.

qu'on regrette de ne plus voir ; il a donc, outre son prix réel, un prix de sentiment attaché à tout ce qu'il rappelle.

Le brillant succès qu'obtint ce cours de philosophie, dans un monde étonné de s'y complaire, fut-il exclusivement dû au talent et à tout l'esprit qu'y mit le professeur ? Ne faut-il pas l'attribuer aussi au caractère de la doctrine qui a fait valoir l'esprit, et s'est trouvée avec lui dans cette heureuse harmonie, principe de tout succès ?

Une philosophie qui se serait annoncée sur un ton plus sérieux, plus grave, comme voulant entrer plus avant dans les profondeurs du sujet, n'aurait-elle pas rompu le charme et mis les grâces en fuite ?....

Laissons dans ces questions la part de la critique, et contentons-nous de remarquer que les Leçons de Philosophie, malgré leur mérite incontestable, malgré l'éclat du cours public, ou même en raison de cet éclat, pourraient bien ne pas satisfaire à tous les besoins des esprits méditatifs, ni remplir l'objet d'une philosophie complète.

Il ne faut demander au livre de M. Laromiguière que ce qu'il a voulu y mettre; c'est une *logique* claire, facile à entendre, et qui se fait lire sans fatigue ; l'aridité naturelle du sujet y est tempérée par l'élégance du style, la variété des tons et une foule d'idées accessoires, toujours fines, et quelquefois profondes. Mais malgré le titre et les accessoires, l'ouvrage n'est au fond qu'*une logique*, une science de méthode : or, la logique est beaucoup sans doute; elle tient sa place essentielle dans un cours de philosophie, est-elle surtout la *philosophie première ?*

M. Laromiguière ne paraît pas en douter, lorsqu'il énonce, dès son début, cette maxime absolue qui fixe d'avance l'objet et l'esprit de son cours.

« Si l'esprit humain, dit-il, est *tout entier*
» dans l'analyse, il est tout entier dans l'arti-
» fice du langage. »

Est-il donc bien vrai que l'esprit humain soit tout entier dans l'*analyse*, et surtout dans l'espèce d'analyse que le professeur nous donne comme la méthode unique ou par excellence ?

Que devient alors cette science qui tenait autrefois, et qui tient encore dans plusieurs écoles un rang si éminent, sous le titre de *philosophie première* ou de *métaphysique*, divisée elle-même en *psychologie et ontologie ?* ... Tout cela n'est-il que chimère ? Faut-il proscrire toute métaphysique ? Une telle question méritait sans doute examen; car il faut toujours examiner avant de proscrire. Peut-être même était-ce là le préliminaire essentiel d'un cours de philosophie, qui, débutant par la *logique*, annonce devoir s'y terminer, s'il est vrai surtout que l'esprit humain soit tout entier dans l'*artifice du langage*.

A la vérité l'auteur promet de traiter, dans un deuxième volume, la grande question de la *réalité* ou de la *non-réalité* des objets de nos diverses idées; c'est-à-dire de décider s'il y a ou non une science qui, sous tel titre qu'on voudra (autre que celui d'*idéologie* ou de *logique*), aurait le droit de prononcer sur la réalité d'une connaissance ou d'une existence quelconque.

Mais cette question, qu'on a dû tant de fois supposer résolue dans la première partie du cours, ne viendra-t-elle pas trop tard à la fin? Nous n'avons pu nous empêcher de le croire, lorsque, voulant nous borner à rendre compte de cet intéressant ouvrage, nous avons été, malgré nous, entraînés à remplir l'importante lacune qu'il a laissée, et à anticiper sur la seconde partie qui nous est promise.

Si cette anticipation était une faute ou une

témérité, l'auteur lui-même l'aurait provoquée et devrait nous la pardonner.

Dans ces recherches sérieuses et moins attrayantes, nous en convenons, que les *Leçons de Philosophie*, cet ouvrage nous servira de texte. Nous examinerons successivement avec le professeur les questions premières de l'*analyse, des principes*, ou *de l'origine de nos facultés et de nos idées;* du moi, *ou de l'existence personnelle, du matérialisme* (dont on accuse la doctrine de Condillac), et surtout de *l'activité* telle qu'on l'entend dans cette doctrine.

Des questions semblables peuvent être posées ou entendues de deux manières bien différentes : l'une en faisant des définitions ou en employant les *artifices du langage;* l'autre en consultant les faits ou se réglant d'après l'expérience *intérieure*. La première est logique ; c'est celle dont M. Laromiguière a le plus souvent donné le précepte et l'exemple ; la deuxième est *psychologique* ou réflexive ; c'est celle que nous emploierons. Le lecteur pourra comparer et choisir.

§ Ier.

De l'analyse.

—

I. Fondement de l'analyse.

Quand on a défini l'*analyse* une méthode de décomposition, on n'a encore rien dit que de vague; car la *décomposition* peut s'entendre de bien des manières, et s'appliquer à des termes ou à des objets de nature très-diverse.

Cette diversité d'objets en apporte en effet une bien essentielle dans le mode de *décomposition*, dans l'espèce des moyens employés; et par suite dans la méthode elle-même.

S'agit-il *d'objets réellement existans?* S'agit-il seulement d'idées *archétypes*, comme les appelle Locke, que nous faisons ou composons nous-mêmes?

L'*analyse* proprement dite ne peut s'appliquer qu'à ce qui est *donné* d'abord à notre esprit ou à nos sens, comme objet de connaissance obscure qu'il s'agit d'éclaircir ou de développer.

Or, rien ne peut nous être *donné* hors de l'*existence* ou sans elle ; par suite, rien, hors ce qui existe, ne peut être objet d'*analyse*.

Lorsqu'on parle de l'*analyse* des sensations et des idées, lorsqu'on propose de *décomposer* la *pensée*, il faut ou qu'on change l'acception des mots, ou qu'on attribue à de simples modes séparés de leur sujet d'inhérence, à de purs phénomènes ou *effets* abstraits de leur *cause* productive, la réalité qui appartient ou que nous croyons nécessairement et exclusivement appartenir aux substances ou aux causes.

Les *abstraits* ne peuvent être qu'élémens de *synthèse*, résultats antérieurs, mais non point *termes* ou objets actuels d'analyse.

La *synthèse*, comme son nom l'indique, ne fait que composer ou construire : or, l'esprit ne compose ou ne construit pas les existences. Il les prend toutes faites ; il les constate par l'observation externe ou interne.

Tout ce qui existe, l'esprit de l'homme ne le fait pas ou ne l'a pas fait ; et tout ce qu'il fait, n'existe réellement pas.

Il suit de là que l'analyse est bien la véritable et la seule méthode philosophique ; car la philosophie est éminemment la science des réalités ; ce qu'elle a besoin de connaître, ce qu'elle cherche sans cesse, c'est ce qui *est* hors des phénomènes et sous les apparences sensibles ; ce qui est conçu exister à titre de substance et de cause, notions universelles et nécessaires dont notre esprit et par suite nos langues ne peuvent se passer.

Cette manière de considérer ou de définir l'analyse, nous conduit déjà à une première conséquence très-importante pour notre objet.

C'est que l'*idéologie* ou la science logique, n'est qu'une partie subordonnée de la philosophie proprement dite, au lieu d'être la philosophie tout entière, comme on l'entend depuis Condillac ; et que la méthode exclusivement employée et recommandée de nos jours sous le nom d'*analyse*, est une véritable *synthèse*.

Deux exemples illustres pourront appuyer et éclaircir ces premières remarques.

II. Deux sortes d'analyse.

Le père de la métaphysique, Descartes, nous a laissé, dans ses Méditations, le plus beau modèle d'analyse appliquée à la connaissance propre du *sujet pensant*.

Le restaurateur des sciences naturelles (Bacon) a donné à son tour l'exemple et le précepte d'une véritable analyse appliquée aux *objets représentés ou pensés.*

Ces deux génies contemporains marchent dans la même route, mais suivent deux directions opposées.

Pour eux, il s'agit également de connaître ce qui existe *réellement* dans l'un ou l'autre monde interne ou externe.

III. Analyse réflexive ou psychologique.

C'est dans le monde intérieur que Descartes trouve d'abord la réalité.

L'existence du sujet qui se connaît et se dit *moi*, est la *donnée* primitive, le point fixe de la science et celui d'où part l'analyse pour connaître toutes les choses.

La réalité n'appartient pas primitivement et essentiellement au monde de nos *représentations.* Les sens et l'imagination trompent à chaque instant et peuvent tromper toujours.

Mais par - delà ces apparences ou derrière elles, se trouve caché le monde des êtres, *substances ou causes.*

Ce n'est point aux sens, mais à la *raison*
qu'il est donné d'atteindre ce monde invisible
réel.... la *raison*, arbitre de toutes les facultés
inférieures, faculté appropriée à la connaissance
de toutes les réalités, autres que celles du *sujet* pensant qui est la seule réalité primitive;
la seule qu'il soit impossible d'abstraire ou d'é-
carter un instant sans anéantir la pensée avec
l'existence.

Puisque le monde réel extérieur n'est pas
donné primitivement, il ne peut être d'abord
objet d'analyse; pour le connaître tel qu'il est,
il faudra que la raison le *construise* ou le recompose avec des élémens simples, produits de
l'analyse réflexive, et combinés d'après des lois
certaines, immuables, garanties par la raison
suprême, par l'auteur même de toute raison.

IV. Analyse physique et logique.

C'est dans un point de vue opposé que Bacon procède à la connaissance du monde extérieur. Ce monde, *le même que celui de nos
représentations*, est la première donnée d'où
part l'analyse; la réalité absolue lui appartient,
et ne peut en être conçue séparée, autrement

que par l'abstraction qui n'aboutit qu'à créer *des êtres de raison.*

Le monde extérieur , objet constant et unique de toutes les facultés de l'esprit humain, ne lui est pas donné pour qu'il le morcèle d'abord par l'abstraction, et le recompose ensuite avec des élémens artificiels, des hypothèses arbitraires , mais pour qu'il le contemple, l'étudie ou l'observe tel qu'il est.

La *métaphysique* portée dans la science de la nature ne peut que l'altérer ou la transformer en une science idéale et vaine. (*O physique! préserve-toi de la métaphysique !*)

C'est dans le monde extérieur, en effet, que se trouvent les *principes* et les *causes* comme les modèles de toutes nos idées. C'est à ce type réel qu'elles doivent se conformer pour être *vraies.*

« En effet, dit Bacon, lorsque l'esprit hu-
» main applique ses facultés à la nature, en
» contemplant assidûment l'œuvre de Dieu,
» ses idées se conforment aux objets de cette
» nature, et sont réglées et déterminées par
» eux ; que s'il veut se replier ou se retourner
» sur lui-même , *comme l'araignée qui fait sa*
» *toile,* rien ne détermine ou ne limite son
» point de vue ; et les doctrines idéales qu'il

» construit, ressemblent en effet à ces toiles,
» ouvrage de l'art dont on admire la finesse de
» tissu, sans pouvoir les appliquer à aucun
» usage. »

« *Mens humana si agat in materiem, natu-*
» *ram rerum, et opera Dei contemplando ;*
» *pro modo materiæ operatur atque ab eadem*
» *determinatur : si ipsa in se vertatur, tan-*
» *quam* aranea texens telam ; *tunc demum in-*
» *determinata est ; et parit telas quasdam doc-*
» *trinæ tenuitate fili operisque mirabiles, sed*
» *quoad usum frivolas et inanes.* »

Et vraiment, dans ce point de vue opposé
à toute réflexion, qu'y a-t-il en nous, ou que
pourrions-nous y découvrir en tissant *notre
propre toile* comme l'araignée? Rien que des
formes et comme des *cases vides*, dont on aurait séparé la matière qui en fait toute la réalité.

Sans doute il n'est point inutile de considérer à part ces formes ou catégories, de les énu-
mérer, de les réduire en tableaux, pour classer ou ordonner les idées acquises, et faciliter
des acquisitions nouvelles ; mais ce sont là des
moyens, des instrumens de la science, et non
de la science même.

« La connaissance des choses, *comme elles*

» *sont* dans leur propre existence, dans leurs
» constitutions, propriété ou opérations, etc.,
» voilà la première et la seule science *réelle*,
» savoir : la *physique* qui embrasse toutes les
» existences réelles, les *esprits* comme les
» corps. »

« La seconde espèce de connaissance (la mo-
» rale) est pratique (c'est-à-dire *art* plutôt
» que *science*). Elle se compose d'idées *arché-*
» *types*, que nous formons ou composons nous-
» mêmes, *sans modèles*, et sur lesquelles aussi
» nous pouvons raisonner avec autant de cer-
» titude et de précision que les géomètres sur
» les idées de quantités. »

« Enfin, la troisième espèce, qui se confond
» presque avec la seconde, est la logique, ou
» la connaissance des signes qui tiennent la
» place des idées ou des choses, quand la ma-
» tière de la représentation n'y est plus (1). »

Cette division des sciences, qu'on trouve à
la fin du grand ouvrage de Locke, est tout-à-
fait conséquente à la doctrine et à la méthode
de Bacon; elle ne sépare pas la science des *es-*
prits de celle des *corps*, quant à la réalité abso-

_____

(1) Voyez Locke, *Essai sur l'entendement humain* (chap.
21, liv. 4).

lue, et en les *considérant* sous le même point de vue *objectif;* elle exclut enfin ou raye du tableau des sciences, celle du sujet pensant, la *psychologie.*

Ainsi cette analyse par laquelle débute Descartes, dans son grand et immortel ouvrage des Méditations, n'aurait ni *sujet*, ni *objet* réel, pas plus que *la matière subtile* et les *tourbillons.*

Que devient alors la science propre de nos facultés? Et sur quoi pourrait porter la distinction établie entre leur *nature*, leur *emploi*, ou leurs *effets* ? La division de ces facultés serait-elle autre chose qu'une classification de leurs produits, rangés dans l'ordre encyclopédique, le plus propre à en faciliter l'étude, et sous des titres nominaux, tels que *raison, mémoire, imagination* (1), etc. ?

De cette comparaison abrégée des principes sur lesquels se fondent les deux doctrines mères dont nous venons de parler, nous pouvons déduire ce résultat intéressant et curieux pour l'histoire de la philosophie; c'est que là précisément où Descartes emploie l'analyse et l'observation intérieure, l'école de Bacon sui-

(1) Voyez le *Tableau encyclopédique de Bacon.*

vra une méthode logique de définition et de classification.

Réciproquement là où l'école de Bacon applique si heureusement la méthode d'observation extérieure, et une analyse proprement dite, l'école de Descartes procédera par abstraction et par hypothèse.

Il sera maintenant facile de voir quelle est l'espèce de méthode propre à la doctrine de Condillac, et à celle de l'ouvrage qui nous occupe.

Ce ne peut être l'analyse de Bacon, puisqu'il ne s'agit pas d'observation extérieure, ni d'une science de la nature.

C'est encore moins l'analyse employée dans les Méditations de Descartes, car il ne s'agit pas de connaître ou d'étudier la pensée par réflexion, ou par la perception interne de ses actes, mais uniquement dans les sensations adventices qui sont censées la produire, ou dans les organes qui en sont les instrumens, ou dans les idées qui en sont les résultats, et surtout dans les signes qui expriment ces idées.

Restera donc une méthode d'abstraction, d'analogie ou d'hypothèse, toute empruntée du dehors.

Voyez aussi d'une part *Hartley*, *Hobbes*, *Gassendi*, *Charles Bonnet* lui-même, et tous les physiologistes, transporter dans l'étude des faits de l'esprit humain, des hypothèses qui semblent calquées sur celles de la physique de Descartes.

Voyez d'autre part Locke, Condillac et leurs disciples transporter toute la philosophie dans la logique, définir, classer, poser des lois générales ou abstraites avant d'avoir constaté, par l'expérience intérieure, les faits de notre nature intellectuelle et morale; comme si la science de l'esprit humain, se composait uniquement d'idées *archétypes* faites sans *modèle* et sans *règle*, comme si le *modèle* pour être intérieur en était moins réel ; comme si le vrai philosophe n'était pas en présence du monde intérieur, comme le physicien est en présence de la nature.

Chose étrange ! jamais l'analyse ne fut tant recommandée, et jamais la synthèse proscrite dans le mot, ne fut plus exclusivement pratiquée qu'elle ne l'a été dans la doctrine et l'école de Condillac.

§ II.

Des principes d'une connaissance réelle.

—

Les nouvelles Leçons de Philosophie, la manière dont l'auteur entend l'analyse et définit les principes, offrent un exemple frappant de la transposition de méthode que nous venons de remarquer.

« Toutes les fois, dit cet auteur (page 48), » qu'une même *substance* prend diverses for- » mes, *l'une après l'autre*, on donne à la pre- » mière forme le nom de *principe.* »

Cette définition ne semble-t-elle pas faite exprès pour pouvoir dire ensuite qu'une première *sensation* (première *forme* de la substance appelée *ame*) est le principe de toutes nos idées ?

L'acception du mot *principe* varie pourtant et semble s'écarter de la définition, lorsque l'auteur l'applique à des abstractions mathématiques, telles que la *ligne droite* qui est dite le *principe* de toutes les figures, *l'addition* qui

6.

est dite principe de *toutes les compositions de nombres*, etc.

Qu'on entende ainsi les principes dans des sciences dérivées ou de définition, il n'y a rien à dire ; mais, quand on parle des principes en philosophie, peut-on les limiter aussi arbitrairement ou s'arrêter à une valeur purement nominale, sans renoncer à la véritable science des principes ou sans supposer qu'une telle science n'est qu'une chimère?

Si dans la physique, par exemple, on se proposait de chercher non pas seulement quelle est la forme qui *se manifeste la première* dans certain ordre de succession des phénomènes, mais quelle est la propriété première, essentielle à la substance d'où peuvent dériver toutes les qualités secondes que l'expérience découvre *l'une après l'autre;* quoiqu'on sentît et qu'on démontrât peut-être l'impossibilité où nous sommes, avec nos facultés données, de *déterminer* ce qu'un tel principe *est en soi,* on n'en serait pas moins nécessité à l'entendre ainsi, et non autrement.

Il y a, dirait-on, tel *principe* d'où dérivent tous les phénomènes de la même espèce, quoique nous ne le connaissions pas, c'est-à-dire, quoique nous ne puissions nous le représenter ou l'imaginer dans la substance même.

Certainement nous ne pouvons pas mieux nous représenter le principe dans la *cause efficiente,* et cependant il nous est impossible de ne pas admettre l'existence réelle d'une *cause* ou *force* productive des effets qui *commencent* ou des *formes* qui se montrent *l'une après l'autre.*

Celui des effets qui est le premier dans l'ordre de la succession, n'est pas pour cela *principe* de la série entière; mais toute la série, depuis le premier jusqu'au dernier terme, a son *principe* réel dans une cause ou force unique qui ne se transforme dans aucun de ses effets, et reste toujours identique avant, pendant et après l'apparition de ces effets.

Je voudrais bien savoir, demande à ce sujet Leibnitz (1), comment on peut démontrer que *toute succession doit avoir un commencement?* Question profonde et très-bien motivée, dans le vrai sens qu'y attache ce grand maître, mais qui serait absurde si l'on prenait *le commencement,* ou le premier terme de la série, pour *la cause,* en mettant en question si *ce qui commence a une cause;* car le contraire implique

(1) Lebnitz, *Opera*, tome 2, page 327.

contradiction, et ne peut pas même être conçu par l'esprit (1).

Sans doute on peut descendre ou remonter dans la série indéfinie des effets, sans changer de point de vue, ou sans sortir du cercle des sensations et des images; mais on tournerait ainsi perpétuellement dans ce cercle, où l'on développerait la série à l'infini, sans trouver la *cause*. Pour en concevoir la réalité nécessaire, il faut nécessairement admettre, hors de ce qui est *représenté* à l'imagination ou aux sens, quelque chose qui n'est pas et ne peut être représenté, ou qui n'est pas du même genre, ni de la même nature que le phénomène observé.

C'est ainsi que toute la série des composés matériels aboutit à la notion de *force simple;* que tout mouvement local se résout dans la tendance, l'effort ou le *nisus*, qui ne se représente pas au dehors; que les couleurs, les sons, etc., se rapportent à des fluides invisibles, insensibles, etc.

Nier la réalité de tout ce qui ne peut être vu, ni touché, ni senti, ni *imaginé*, c'est

(1) *Sur cette question*, voyez un mémoire de M. Coccius, inséré dans la *Collection de Berlin*, 1772.

anéantir toutes les *causes*, c'est idéaliser la nature entière.

Le système des idées innées consiste précisément à nier que la succession des pensées ou des modes de l'ame, ait un commencement dans l'expérience. Proposition aussi difficile à combattre qu'à établir, tant qu'on n'a égard qu'à l'ordre de succession des idées. C'est dans l'application première et légitime du *principe de causalité* que se trouve, je crois, la véritable et l'unique solution du problème.

Si, comme nous ne pouvons en douter, ce principe plane sur les deux mondes *intérieur* et *extérieur*, s'il peut seul leur donner une base réelle et leur servir de lien, la philosophie première devra se proposer pour objet d'en bien constater la réalité; de le rattacher, s'il est possible, à un fait primitif; de déterminer enfin les applications premières et nécessaires que l'esprit humain en fait depuis l'origine, non-seulement pour connaître et expliquer la nature, mais de plus et surtout pour se connaître et s'expliquer à lui-même.

Prend-on pour *principe* un premier phénomène, un premier mode ou une première forme? On méconnaît, on renie la philosophie comme science des réalités.

Prend-on pour *principe la substance passible* de plusieurs formes successives ou simultanées?........ On peut dénaturer encore la véritable valeur du principe, et tomber dans divers écarts ou illusions dont l'histoire de la philosophie nous fournit tant et de si frappans exemples.

Si Descartes avait mis la *cause* à la place de la *substance* dans le fait primitif auquel il a si bien et si profondément vu que toute la science devait se rattacher, le spinosisme ne serait pas né, la métaphysique ne se serait pas discréditée par tant et de si longues disputes; peut-être nous aurions une autre philosophie; enfin la psychologie, proprement dite, ne serait pas encore une science à créer.

Une analyse un peu approfondie du principe ou du fameux enthymème, *je pense, donc je suis*, pourrait justifier ces premières réflexions.

Mais avant d'aller plus loin, nous avons besoin de prévenir une objection grave, tirée de la doctrine de Locke et de Condillac, contre la réalité des notions de substance et de cause auxquelles on donne, dans cette philosophie, le titre d'*abstractions réalisées*.

§ III.

Des principes abstraits et des abstractions réalisées.

—

I. Abstractions sensibles : idées générales.

C'est en cherchant à déterminer avec quelque précision les sens de ces mots, *principes abstraits, abstractions*, qu'on a sujet de reconnaître combien la langue psychologique est pauvre et imparfaite. Il s'agirait d'exprimer des actes de nature différente, de distinguer soigneusement ces actes ou procédés intellectuels de leurs résultats; et l'on n'a qu'un mot qui s'applique indéterminément tantôt à l'attention objective, tantôt à la *réflexion* intérieure dont chacune a sa manière d'abstraire, tantôt enfin aux produits composés de ces opérations diverses.

Le chef d'une école célèbre a très-bien signalé les abus qu'entraîne l'extrême ambiguité du mot *abstrait*, dans les recherches psycho-

logiques (1), et il a cherché à lever l'équivoque
par une distinction extrêmement importante
qu'il a lui-même oubliée depuis, et que cet
article a pour but de confirmer, ou, s'il est
possible, d'éclairer.

Une qualité sensible est dite abstraite de
l'objet immédiat de la perception, quand l'attention, fixée sur cette qualité particulière, la
détache en quelque sorte du *tout* à qui elle
appartient, et lui attribue ainsi momentané-
ment une sorte d'existence à part, que le signe
complète et rend permanente.

Cette opération d'abstraire peut s'appliquer
à un seul objet sensible, comme se répéter sur
plusieurs; le même nom convient et s'applique

(1) Le passage de Kant, qui établit cette distinction essentielle, est très-remarquable ; on le trouve dans sa première
thèse, intitulée : *De mundi sensibilis formâ atque principiis,*
où se trouvent aussi tous les germes de la doctrine *critique.*

Necesse est maximam ambiguitatem vocis abstracti *notare,
quam ne nostram de intellectualibus disquisitionem macu-
let,* antea *abstergendam satiùs duco. Nempe propriè dicen-
dum esset* ab aliquibus abstrahere non aliquid abstrahere. *Prius
denotat quod in conceptu quodam ad alia quomodo cumque
ipsi nexa non attendamus ; posterius quod non detur nisi
in* concreto, *et ita ut à conjunctis separetur ; hînc concep-
tus intellectualis abstrahit ab omni sensitivo, non abstrahitur à sensitivis, et forsitan rectiùs diceretur* abstrahens
quam abstractus.

à tous les objets qui se représentent sous des qualités ou des apparences *semblables* : c'est ainsi, et en ayant égard au rapport non d'*identité*, mais d'*analogie* ou de ressemblance, que le terme *abstrait* devient *général*, et que sa capacité représentative s'étend à la multitude des objets ou phénomènes analogues.

Nous n'avons pas besoin d'entrer ici dans le détail des procédés d'abstraction et de généralisation qui forment toutes ces idées de classes, de genres, sous lesquels viennent se ranger ou se distribuer régulièrement les objets innombrables et épars de nos diverses connaissances. Ces procédés sont aujourd'hui bien connus, et c'est là que Condillac et ses disciples ont rendu d'éminens services à la philosophie, en déterminant avec une admirable sagacité les rapports intimes qui unissent les signes aux idées, en mettant à nu tout l'artifice des idées abstraites générales, et par suite celui des langues elles-mêmes.)

Mais tout cela ne sort pas encore du domaine de la *logique*; les abstraits dont il s'agit ne sont encore qu'*idées simples* ou composées, ou signes ; et ni l'abstrait sensible, ni l'abstrait logique, n'ont la valeur de réalités.

Que sont donc les abstractions réalisées ?

Sont-ce de pures chimères, sans aucune excep-
tion ? Comment l'esprit peut-il réaliser une
abstraction quelconque ?.... A quelle source
puise-t-il d'abord la réalité ? Comment peut-il
la transporter où elle n'est pas ? Ces questions
sont graves, et aussi anciennes que la philosophie.

La grande querelle des *réalistes* et des *nominaux* ne finit autrefois que de *guerre lasse*, et
sans que les combattans pussent s'entendre.

En déterminant avec une précision toute
nouvelle les rapports des signes et des idées,
notre philosophie moderne s'est peut-être vainement flattée d'avoir clos la discussion ; peut-
être de nouveaux *réalistes* accuseront-ils cette
philosophie d'avoir tranché la question sur la
réalité ou *non-réalité*, des idées abstraites, en
la laissant au fond aussi indéterminée et irré-
solue que jamais.

Ils pourront demander en effet : que sont
ces principes ou ces élémens de connaissances
que Locke appelle idées simples de *sensation ?*
Ne sont-ce pas aussi des idées abstraites ! Les
odeurs, les saveurs, les couleurs ont-elles une
existence réelle, séparée des objets auxquels
elles se rapportent, ou des causes ou formes
qui les produisent ? Nos *idées simples*, dit le

philosophe anglais, *sont toutes réelles en ce sens, qu'elles conviennent toujours avec la réalité des choses....* Il y a donc des choses réelles hors des sensations, et une correspondance harmonique des unes avec les autres. Mais comment savons-nous qu'il y a des choses hors de nous, et qu'elles s'accordent ou non avec les sensations, si nous n'avons que des sensations ou des idées images ?

Ni Locke, ni Condillac, ni leurs disciples, n'ont encore répondu à cette question, qui se présente à l'entrée de la philosophie.

Mais quand on prend des idées simples, ou de pures abstractions, pour les principes des connaissances humaines ; c'est-à-dire, quand on commence par *réaliser* de véritables abstractions, quel droit a-t-on de regarder comme illusoire la *réalité* attribuée ultérieurement à d'autres abstraits d'un ordre quelconque ?

De ce que nous n'avons pas fait nos idées simples de *sensation*, comme nous faisons dans la suite certaines idées générales, conclurait-on que nous sommes autorisés à réaliser exclusivement ces premières idées ?

Mais pour qu'une idée image ou représentation quelconque, corresponde à une existence réelle, suffit-il que nous ne la fassions pas ? Il faudrait donc attribuer aussi la réalité à toutes les productions spontanées de la sensibilité physique, aux affections intérieures, aux fantômes du sommeil, aux visions des vaporeux, etc.

En partant de sensations *simples*, abstraites de tout ce en quoi ou par quoi elles existent à titre de modes ou de qualités, sur quel motif peut-on refuser aux composés la réalité qu'on attribue aux élémens?

Jusque-là donc le grand argument contre les *réalistes*, qui se tire de l'artifice des idées générales complexes, ne prouverait rien, précisément parçe qu'il prouverait trop; savoir qu'il n'y a aucune réalité intelligible, ni dans les simples, ni dans les composés, ni dans les principes, ni dans les résultats de la connaissance humaine.

Mais accordons ce que nous croyons vrai, que la preuve ou le *criterium* de la *non-réalité* des idées générales et archétypes, se tire de l'artifice même, qui préside à leur formation, comme à celle du langage, qui est *l'œuvre de l'homme*.

Pour étendre ce *criterium* à toutes les autres sortes d'*abstraits*, et jusqu'aux notions universelles, telles que la *substance, la cause, l'étre*, ne faudrait-il pas avoir prouvé d'abord que de telles notions n'ont pas une autre valeur que celle des idées générales que nous avons faites; qu'elles résultent des mêmes procédés généralisateurs; qu'elles sont le couronnement et non la base même de notre connaissance; enfin que ce sont des *abstractions* comme les autres? Or, c'est ce qui non-seulement n'a jamais été prouvé, mais qui est démenti, je crois, par la nature même de notre connaissance, (lorsqu'on veut la ramener à ses élémens ou à ses vrais principes.)

Quand vous avez abstrait de l'objet par l'attention, toutes les qualités sensibles l'une après l'autre, que reste-t-il? rien, dira-t-on, qu'un signe ou le *nom* même..... et ce nom n'exprime rien autre chose que la privation des qualités, ou le procédé même de l'abstraction qui les a fait toutes évanouir l'une après l'autre; si l'imagination poursuit encore quelque ombre vaine, cachée sous ce signe, c'est qu'elle va contre l'hypothèse ou contre le procédé même de l'abstraction.

(Il est vrai, et nous en convenons bien, l'imagination et les sens nous égarent quand ils demandent encore à voir ou toucher là où il n'y a plus rien à voir ni à toucher.) Mais n'y a-t-il donc de réel que ce qui peut être senti ou imaginé?... Bien plus, ce que l'imagination ou les sens saisissaient immédiatement dans l'objet avant l'abstraction, est-il bien ce que l'entendement conçoit comme ayant une réalité propre et exclusive ?

Écoutons Descartes avant de consulter un autre témoignage.

« Ce morceau de cire, dit l'auteur des Mé-
» ditations, change dans toutes ses qualités
» sensibles, lorsque je l'expose au feu ; toutes
» les choses qui tombaient sous le goût, l'odo-
» rat, la vue, l'attouchement et l'ouïe, dis-
» paraissent l'une après l'autre, et cependant
» la même cire reste. Cette substance n'est donc
» ni la douceur, ni la blancheur, ni la figure,
» ni le son, ni l'attouchement.

» Qu'y aurait-il donc dans cette première
» perception qui ne semblât pouvoir tomber en
» même sorte dans le sens du moindre des ani-
» maux ? Mais quand je distingue la cire d'avec
» ses apparences sensibles, et que tout de mê-
» me que si je lui avais ôté ses vêtemens, je la
» considère toute nue, il est certain que, bien
» qu'il se puisse encore rencontrer quelque er-
» reur dans mon jugement, je ne la puis néan-
» moins concevoir de cette sorte sans un esprit
» humain. »

Ce passage remarquable de la 2ᵉ *Méditation* montre bien comment Descartes entend qu'il faut se placer dans un point de vue autre que celui de l'imagination ou des sens, pour avoir une notion *abstraite*, telle que celle de substance, ou attacher au mot qui l'exprime une valeur plus que logique ; mais quel est ce point de vue, et comment le fixer ou le déterminer clairement ?

Quelle est l'origine des notions intellectuelles, universelles et nécessaires ? Celle de substance est-elle la première de toutes ? A quoi tient enfin le caractère *réel* qui convient éminemment à cette sorte de notions abstraites ? Qu'est-ce qui les distingue des idées générales que nous avons faites ?

Voyons s'il y a hors du système des idées *innées*, quelques réponses à ces questions.

II. Abstractions réflexives. Notions.

En admettant deux sources de nos idées, la *sensation* et la *réflexion*, Locke suppose qu'il y a un premier ordre de connaissances tout fondé sur la sensation même passive, et auquel la réflexion ou l'activité du sujet pensant ne prennent aucune part.

De ce point de vue à celui de Condillac, la conséquence était naturelle et forcée par les règles mêmes de la logique.

Si en effet un premier ordre de connaissances ou d'idées s'attache à la sensation reçue toute seule, pourquoi les ordres ultérieurs, ressortant chacun de celui qui précède, ne viendraient-ils pas tous se réunir par une chaîne d'intermédiaires plus ou moins longue, à la *sensation* comme à la source unique de toutes nos idées, depuis la première ou la plus simple, jusqu'à la plus élaborée et la plus haute dans l'échelle des abstractions ?

Ainsi l'unité d'origine ou l'unité systématique de toute la connaissance humaine pourrait être logiquement exprimée sous une forme telle que celle-ci (1) :

1° Sensations.... Idées simples sensibles du premier ordre.

2° Attention...(dirigée sur l'objet considéré tour à tour sous chacune de ses faces). Idées abstraites sensibles. Deuxième ordre.

(1) Voyez les *Leçons de Philosophie,* page 98.

3º Comparaison.... (Rapports perçus entre les idées sensibles abstraites.)Idées générales. Troisième ordre.

4º Raisonnement... Nouveaux actes d'attention et de comparaison. Idées plus générales, etc. Quatrième ordre.

Et ainsi de suite jusqu'à ces notions universelles qui embrassent tout, *l'être, la substance, la cause.*

Locke lui - même eût été obligé d'admettre ces conséquences et les formules qui les expriment, en convenant aussi sans doute que la réflexion, telle qu'il la considère ou la définit, n'est point une source d'idées, mais une faculté secondaire qui élabore les idées venues de la sensation, source unique; à moins qu'il n'eût reconnu et positivement énoncé que la *sensation* ne produit rien, qu'elle ne peut être à elle seule un principe de connaissance, et que la première ou la plus simple de toutes les idées dites de sensation, renferme déjà un élément purement *réflexif* qui ne peut être venu du dehors.

Locke semblait être conduit à ce résultat par la nature même du principe de sa philosophie. Observez, en effet, que dans son point

de vue, ce n'est pas *la sensation*, mais *l'idée
simple de sensation*, qui est *principe* ou commencement de la connaissance.

L'ame, dit le philosophe anglais, ne peut
sentir sans *apercevoir* qu'elle sent, et la *conscience* est la seule caractéristique des modes ou
opérations qui appartiennent ou qui doivent
être exclusivement attribués à cette substance.

Mais qu'est-ce que l'*aperception* ou la conscience jointe à la sensation, si ce n'est l'élément réflexif qui fait partie nécessaire de l'idée
de *sensation*, ou même qui la constitue (à titre d'*idée*), puisqu'en ôtant l'*aperception*, la
sensation reste seule, et l'idée s'évanouit? C'est
ce que Leibnitz a parfaitement exprimé en dé-
finissant ainsi l'aperception : *apperceptio est
perceptio cum reflexione conjuncta.* Et comme
ce philosophe admet de simples *perceptions
nues* ou des sensations sans *moi,* qu'il attribue
aux simples vivans et aux derniers des animaux,
on voit mieux comment la première *idée de
sensation* de Locke se trouve résolue dans les
deux élémens *sensitif* et *réflexif.*

A partir de cette *dualité* prise pour l'origine
de la connaissauce ou pour la première et la
plus simple de toutes les connaissances, et ap-
pliquant à chaque idée d'un ordre quelconque,

une analyse vraie de décomposition | il y aurait
donc toujours lieu à faire la part du *sujet* et
celle de l'*objet*, ou à distinguer dans l'*idée* une
partie *affective* ou *intuitive*, qui se représente,
se localise hors du *moi*, et une partie réflexive
qui ne peut se localiser ni se figurer dans l'espace pas plus que le moi lui-même dont elle a
toute la réalité.

Cette décomposition ou, en quelque sorte,
ce *départ* des deux élémens peut s'opérer,
comme nous l'avons vu) de deux manières
différentes ou même opposées en *principes*
comme en *résultats*, savoir :) en commençant
par l'objet de la sensation, ou en commençant
par le sujet et l'élément réflexif de l'idée de sensation.)

I. L'attention, faculté représentative, s'attache uniquement à l'objet, et suit au dehors
les impressions sensibles.

Dans tout exercice de notre activité, elle
ne voit que les *résultats*, sans aucun retour sur
les *actes* mêmes, ou sur la cause interne qui
les détermine ; ainsi, par exemple, dans l'effort que la volonté déploie pour mouvoir le
corps, l'attention s'attache au mouvement qui
se localise ou se représente, sans tenir compte
du sentiment de la force, ou du pouvoir exercé

qui ne peut être imaginé ou figuré au dehors, mais seulement aperçu ou réfléchi au dedans.

Par l'attention (ou par l'imagination attentive), fixée tour à tour sur chacune des qualités sensibles de l'objet, ces qualités successivement abstraites peuvent disparaître à la fois, et quand l'imagination ou les sens n'auront plus rien à voir, ou que le composé sensible se sera évanoui, on dira qu'il ne reste plus rien que le signe, qui exprimait la collection des qualités.

C'est ce que Hobbes objecte contre la réalité attribuée par Descartes, à la substance de la cire, après que toutes ses qualités ou apparences sensibles ont disparu. « Cette prétendue » réalité de substance, dit le philosophe *nominal*, se réduit à une *appellation* comme » toutes les idées abstraites, objets de nos » raisonnemens. »

En effet, dans le point de vue de l'imagination, il n'y a point de substance intelligible, par conséquent point de *modes*, mais seulement des qualités phénoméniques liées ou associées entre elles de toutes manières, et dont les combinaisons ne peuvent évidemment subsister sans les parties.

Quand on supposerait qu'il y a une sorte de

(103)

lien substantiel qui tient unis ensemble les élémens du composé objectif ; *ce vinculum substantiale* qui a tant occupé Leibnitz (1), ce *substratum* obscur dont il est impossible de se faire quelque idée ou image, comment concevoir qu'il dure, quand on a fait abstraction complète des élémens sensibles qui étaient liés entre eux de cette manière mystérieuse ?

II. En commençant par le sujet, la réflexion analyse ou décompose dans un autre point de vue ; elle suit d'autres procédés ; elle a aussi d'autres résultats *abstraits*.

Par l'aperception interne ou le premier acte de réflexion, le sujet se distingue de la sensation, ou de l'élément affectif ou intuitif localisé dans l'espace, et c'est cette distinction même qui constitue le fait de conscience, l'existence personnelle.

On pourrait dire ainsi que le *moi* s'abstrait lui-même par son activité, de tout ce qui est objet ou mode sensible, mais non point qu'il est *abstrait* de quelque collection, comme en faisant partie intégrante ou comme existant dans le *concret* des sensations, avant de se distinguer ou de s'apercevoir dans l'*abstrait* de réflexion.

(1) *Voy.* des Lettres à Bourguet, tom. 2. *Opera.*

Ici se trouve le fondement vrai de la distinction énoncée, en commençant, entre l'abstrait (*abstrahens*) *actif,* et l'abstrait (*abstractus*) *passif;* et nous dirons du *moi* ce que Kant dit de toute notion intellectuelle, *abstrahit ab omni sensitivo, non abstrahitur à sensitivis.*

Personne une, individuelle, et *libre,* je ne suis pour moi-même ni un *pur abstrait,* ni un assemblage de sensations, quand j'aperçois et juge la sensation, quand je fais sa part et la mienne propre.

Veut-on que le moi ne soit qu'une abstraction réalisée ? Nous y consentons, pourvu qu'on prenne l'abstraction dans le sens *actif* qui précède ; et à condition aussi que l'on conviendra que cet abstrait actif se réalise immédiatement ou porte avec lui un caractère de réalité qui lui est propre, et ne lui est point ajouté d'ailleurs.

Ce que nous disons du *moi* (distingué ou abstrait de tout ce qui n'est pas lui) nous l'appliquerons, par une extension dont on verra bientôt le motif, à toute notion universelle et réelle qui, se rattachant immédiatement ou médiatement au fait de conscience, au *moi* primitif, devra être considérée comme une abstraction réflexive qui, dans l'ordre le plus élevé, conserve encore l'empreinte de son origine et peut toujours y être ramenée.

Dans ce point de vue, on conçoit (sans *imaginer*) la substance comme le sujet identique permanent de tous les modes composés et variables qui lui sont attribués; en vertu de ce même rapport d'inhérence, sous lequel le *moi* identique et constant s'attribue à lui-même les modes variables et successifs de l'activité qui le constitue (ainsi que nous le développerons ailleurs).

Si la collection de tous les modes, de toutes les qualités sensibles, étant brisée par l'abstraction, la substance imaginaire n'est plus rien ou n'a qu'une valeur nominale; la substance abstraite du mode dans le point de vue intellectuel, conserve encore la réalité qui lui appartient, à l'exclusion de toutes les apparences sensibles qui n'existent qu'en elle ou par elle.

Mais cette substance que l'esprit chercherait vainement à se représenter comme *lien* des qualités sensibles, ne laisse-t-elle pas encore trop de prise à l'imagination par le vague même ou l'obscurité qui l'enveloppe ? L'ambiguité d'un terme commun à la langue du physicien et à celle du philosophe entre lesquels la logique vient s'interposer, n'éloigne-t-elle pas trop la notion de substance du point de vue de la conscience où toutes les notions *abstraites* de cet ordre doivent nécessairement venir se rattacher comme à leur véritable et unique source?

Quand Descartes dit que tous les modes accidentels, toutes les apparences sensibles de la cire étant ôtées, la même cire ou la même substance *reste*, il entend la *substance* de deux manières différentes, dont une, logique, est exprimée comme le principe de sa doctrine, tandis que l'autre, réflexive, est implicitement enfermée dans l'énoncé du principe même.

La substance, dans le sens de l'auteur des *Méditations*, c'est la *chose* capable de recevoir une *infinité* de changemens semblables, et plus de variations dans l'extension, la forme, etc., que l'imagination ne saurait jamais s'en représenter; d'où il conclut très-bien que le concept ou la notion de la substance est tout-à-fait hors du domaine de l'imagination.

Mais la *chose* qui reste ainsi conçue comme capable seulement de modifications infinies en nombre, est-elle autre chose qu'une simple possibilité abstraite ou logique? Pourquoi la chose qui reste ou que nous croyons nécessairement rester la même, ne serait-elle pas plus réellement la *cause* capable de reproduire à nos yeux toutes les apparences ou qualités sensibles, variables, qui composent une série infinie, dont l'imagination ni même l'entendement ne sauraient assigner le premier terme ?

En substituant à la notion de *substance* celle de *cause* plus rapprochée, comme nous le verrons, du fait de conscience, toute ambiguïté disparaît, et l'imagination n'a plus rien à voir.

En effet, si l'on prend pour type réel et primitif de cette notion, la *volonté* qui produit l'effort et commence les mouvemens, on conçoit que la cause n'étant pas du même genre que ses effets, ne peut tomber sous le même point de vue, et n'entre pas non plus dans leur collection comme terme homogène ; par suite qu'elle n'en est pas abstraite à la manière dont on dit qu'une qualité est abstraite du composé dont elle fait partie. Tous les effets sensibles étant écartés, non-seulement nous pouvons concevoir que la même cause ou force productive reste ; mais de plus nous ne pouvons ni concevoir ni croire le contraire, comme nous ne pouvons pas ne pas croire ce que nous apercevons intérieurement ; savoir que c'est toujours la même force, la même volonté qui meut nos membres, en restant identique *avant, pendant* et *après* les mouvemens opérés; que c'est aussi la même personne qui reste tant que la veille dure, au sein de tous les modes successifs et variables de la sensibilité.

Comment cette abstraction réflexive individuelle qui constitue, avec le *moi,* le rapport d'inhérence des modes variables à un *sujet* permanent, ou le rapport de la volonté *cause,* au mouvement ou à l'effet produit, passent-ils du caractère individuel et relatif, précis et déterminé du fait de conscience, à l'*universel* et à l'*absolu,* et par suite à tout l'indéterminé des notions telles que *substance, causalité, être,* dont les signes s'appliquent à tout ce que nous percevons ou pouvons concevoir en nous et hors de nous?.... C'est ce qui ne pourrait être indiqué ici sans anticiper sur les analyses qui doivent suivre, et nous n'avons peut-être déjà que trop anticipé en cherchant à préciser un point capital en philosophie, sujet de tant de doutes et d'obscurités.

Terminons ce long chapitre et résumons sous un seul caractère différentiel tous ceux qui séparent les idées générales ou abstraites, des notions universelles et nécessaires dont le fait de conscience ou le *moi* est l'unique et la propre source.

Toutes les idées générales ou abstraites qu'expriment nos termes de classes ou de genres, n'ont aucun élément réel qui soit proprement *un* ou principe d'*unicité*, comme dit *Leibnitz*.......... Aussi ces termes ne peuvent-ils s'*individualiser* sous l'idée ou l'image de l'un des objets particuliers qui ont servi de terme de comparaison ou de type à l'idée abstraite, sans changer entièrement de valeur ou sans perdre la capacité qu'ils avaient de représenter la multitude sous l'unité de signe.

La raison en est, qu'il n'y a que *ressemblance* ou analogie plus ou moins grande entre les qualités sensibles, abstraites, sous lesquelles on compare des objets divers, quoique cette qualité soit dite *la même,* ou conçue appartenir en commun à ces objets.

Si la ressemblance n'est pas l'*identité* complète, elle n'est pas davantage l'*identité partielle;* terme qui renferme un *non-sens,* et une véritable contradiction d'idées. L'identité ne se *morcèle* pas ainsi. Elle n'est pas susceptible de plus ni de moins, et n'a qu'une mesure ou qu'un type; et ce type, c'est le *moi,* car le *moi* étant *un,* identique, permanent, ne peut concevoir les choses que sous les mêmes rapports d'unité, d'identité, de permanence, sous lesquels il existe ou s'aperçoit exister.

Comme il ne peut y avoir que ressemblance et jamais identité entre les sensations ou les intuitions rapportées à divers objets, ni même entre la sensation d'un moment et celle d'un autre moment, quoiqu'on dise que c'est *la même;* on ne serait pas mieux fondé à expliquer des notions universelles et nécessaires telles que *substance, cause, être,* par quelque procédé généralisateur fondé sur la ressemblance, qu'à chercher le type de l'identité dans quelque sensation *adventice* ou qualité sensible.

Avec d'autres sensations nous aurions d'autres idées générales et d'autres espèces, d'autres classes, d'autres genres, d'autres termes abstraits.

Mais quand même nous aurions d'autres sens ou que nous serions réduits à *un seul,* pourvu que les conditions de la *personnalité* du *moi,* ou, comme nous le dirons ailleurs, celles de l'exercice d'une libre activité, s'y trouvassent, nous ne pourrions avoir d'autres notions d'unité, d'identité, de force ou de cause.

Ce caractère de constance et d'immuabilité

qui appartient aux *notions*, exclusivement aux
idées générales que nous avons faites, mérite
bien toute l'attention des philosophes, et jus-
tifierait seul l'importance que nous avions
attachée à une distinction si méconnue, oubliée par les philosophes, ainsi que d'illustres
exemples vont nous le montrer.

§ IV.

Du principe de Descartes.

Cogito, ergo sum; je pense, donc j'existe :
tel est le principe, le *point ferme et immobile*,
où Descartes, après avoir flotté sur la mer du
doute, jette l'ancre et asseoit le système de la
connaissance humaine.

Ce principe entendu dans son vrai sens psychologique, celui de la réflexion intérieure, se
réduit tout entier au premier membre de l'enthymême, ou plus simplement encore au signe
du sujet *je (ego)* indivisible du *cogito*.

Je pense, ou plus simplement *je*, signifie en effet, j'existe pour *moi-même; je* me sens ou m'aperçois *exister*, et rien de plus. C'est ainsi que Descartes l'entend lui-même, quand il dit dans la deuxième Méditation : « La pensée » seule ne peut être détachée de *moi. Je suis,* » *j'existe*, cela est certain; mais *combien de* » *temps ?* Savoir, autant de temps que *je* » *pense,* car peut-être même qu'il se pourrait » faire, *si je cessais totalement de penser, que* » *je cesserais en même temps tout-à-fait* » *d'être.* »

On le voit bien, le doute s'attache encore ici à l'être, à la réalité absolue de la chose *pensante,* séparée de la pensée ou de l'aperception *actuelle,* ou du sujet qui se dit moi, et qui sait indubitablement qu'il existe à titre de *personne individuelle.*

Ce sujet de toute attribution vraie dans le point de vue intérieur ou psychologique, n'est donc pas d'abord la *substance,* terme nécessaire de toute attribution faite ou conçue dans le point de vue extérieur et ontologique.

Si l'on emploie le même signe *je* pour exprimer ces deux termes d'attribution, il faut bien comprendre que l'identité n'est que logique, ou qu'elle est toute dans le signe; car le *je* de la conscience n'est pas le *moi* absolu de la croyance, la *chose* pensante.

S'il y avait identité entre les deux membres de l'enthymème, je pense (ou *j'existe* pour moi-même), *donc je* suis (chose pensante), pourquoi le *donc?* à quoi bon la forme du raisonnement?

S'il n'y a pas identité absolue, mais une véritable déduction, ou si le *donc* n'est pas un *pur non-sens* (comme dans cette formule, *lucet, ergo lucet*), il y a donc transformation de la valeur du signe *je* pris tour à tour dans deux acceptions ou sous deux points de vue essentiellement différens, en allant du principe à la conclusion... Mais cette conclusion est-elle vraiment immédiate, comme l'indique la forme de l'enthymème? Alors en quoi l'*immédiation* diffère-t-elle de l'*identité?* et comment peut-elle exister entre deux termes pris dans deux points de vue différens l'un de l'autre?

Que s'il n'y a pas *immédiation* entre le principe et la conséquence, quel est l'intermédiaire? Comment l'assigner, et sur quel procédé intellectuel peut-il se fonder?

Peut-être y a-t-il là un abîme! En ce cas, il faut le marquer et s'y arrêter. Si le problème est insoluble, il faut dire en quoi consiste cette insolubilité, au lieu de trancher la question ou de l'éluder en partant, soit d'une notion innée, soit des sensations *adventices*, qui supposent quelque existence réelle, antérieure, et par suite le problème résolu.

S'il y a quelque moyen direct de solution, ou s'il est possible de trouver un passage du sentiment primitif de moi à l'absolu de l'être ou de la chose pensante, et par suite à toutes les notions universelles, il s'agira de procéder à cette recherche en partant *du vrai principe* psychologique, que Descartes nous a lui-même appris à distinguer, même en l'oubliant en résultat.

§ V.

Principe de Condillac.

Au début du Traité des sensations, Condillac semble vouloir se placer dans le même point de vue intérieur où Descartes a trouvé le principe de la science identifié avec celui de l'existence même. Lorsque la statue pourra dire, en effet, *je sens*, elle pourra dire aussi, *j'existe*, en donnant à cette proposition la valeur qu'elle a dans l'énoncé de l'auteur des Méditations. Quel que soit le *verbe*, le principe ou le sujet, *je* restera le même.

Mais le verbe a lui-même son origine ou son principe dans le *je*, et il n'y a pas de *moi* dans la première sensation *odeur*.

Condillac énonce ainsi la distinction des deux points de vue interne et externe. La statue éprouvant la première sensation, n'est pas pour *elle-même* ce qu'elle est pour l'observateur.

Aux yeux de celui-ci, la statue est un être sentant, ayant un *corps* visible et une *ame* ou un principe invisible de toutes les sensations qu'elle éprouve.

Pour *elle-même*, la statue n'est que l'*odeur* ou la *sensation odeur*, qui constitue d'abord toute son existence intérieure.

Pour l'observateur, la statue est censée exister substantiellement en *corps et en ame* avant la sensation, et continue toujours à être ainsi indépendamment de toute modification accidentelle.

Pour elle-même la statue ne commence à exister qu'alors qu'elle commence à sentir, et son existence intérieure ne peut avoir d'autre durée que sa sensation.

Il est difficile de se faire une *idée* de ce mode originel d'existence intérieure, tel qu'il est constitué par la première sensation comme par celles qui suivront.

Tant que la statue ne peut pas dire *moi* ou *je sens* (équivalent de *j'existe*), nous chercherions vainement *en elle* quel est le sujet individuel ou la chose quelconque qui peut être dite exister.

Ce n'est pas le *moi* à titre d'individu qui s'aperçoit intérieurement *un, simple, identique;* c'est encore moins le *moi* absolu qui se conçoit ou se croit exister à titre de *chose pensante* ou de substance durable; car nous ne pouvons nous-mêmes *sentir* ou apercevoir ainsi notre substance, quoique nous la concevions ou la croyions être objectivement et durer dans l'absolu hors de la conscience du *moi* actuel.

On pourrait conclure de là que la statue, objet pour l'observateur, n'est encore rien pour elle-même : ainsi la distinction énoncée s'évanouit et l'existence intérieure de la statue se réduit à *zéro*. Mais comment, en partant du zéro, pourra-t-on faire quelque chose? Par quelle sorte de création miraculeuse arriverat-il que le sujet *moi*, qui n'est pas dans la première sensation, ressorte de la deuxième ou de la troisième, ou d'une collection d'élémens sensitifs, tous de même nature, et dont aucun n'est *moi ?*

La création *ex nihilo* est un miracle sans doute, mais le *néant* qui crée ou qui se constitue lui-même existant est un mystère plus profond encore.

La sensation sans *moi* peut bien avoir son type dans une nature animale et purement sensitive qui n'est pas la nôtre; mais pour nous ou pour notre esprit, ce ne peut être qu'un abstrait, élément de synthèse, et qui ne peut servir de principe unique à aucune science vraie, *subjective* ni *objective.*

En comparant le principe de Descartes à celui de Condillac, on pourrait dire que, comme l'auteur des Méditations a transporté le *sujet* dans l'*absolu*, l'auteur du Traité des Sensations a mis l'*abstrait* dans le *sujet* ou à la place du sujet même.

Selon Descartes, ce que le sujet est pour lui-même, il l'est réellement ou en soi.

Selon Condillac, le *moi* n'est rien ou n'existe pas pour lui-même, et il faut se placer hors de lui, non-seulement pour concevoir ce *qu'il peut être*, mais même pour savoir *s'il est*.

Dans le principe de Descartes tel que l'énonce l'enthymème complet, le *moi* est identique à *l'être*, la même pensée les enveloppe. Cette pensée ne peut pas plus commencer que s'interrompre, et, pour connaître son origine, il faut remonter à la création de l'ame.

Dans le point de vue de Condillac, la sensation n'est pas plus le *moi* qu'elle n'est et ne peut être l'ame elle-même; c'est une simple modification abstraite ou séparée de sa substance qui vient s'y unir accidentellement dans un temps donné; elle commence et peut s'interrompre; mais l'observateur seul sait qu'elle a un commencement ou une origine. La statue ne le sait pas, le *temps n'est pas pour elle*.

Selon le principe de Descartes, séparez la pensée de tout ce qui n'est pas elle, vous aurez encore une réalité; dans celui de Condillac, séparez la sensation de la cause ou de son objet tel qu'il existe pour l'observateur uniquement, il ne vous restera rien qu'un signe ou un pur abstrait.

§ VI.

Modification apportée au principe de Condil-
lac, par M. Laromiguière.

« En refusant de reconnaître la personnalité
» (ou le moi) dans un premier sentiment (dit
» l'auteur des Nouvelles Leçons de Philoso-
» phie), Condillac la trouve dans un second ou
» dans un troisième, etc.; car en faisant passer
» successivement sa statue de l'odeur de rose à
» à celle d'œillet, etc., elle doit nécessairement
» distinguer en elle-même quelque chose de
» *variable,* et quelque chose de *constant;* or,
» du *variable,* elle fait ses modifications, et du
» constant elle fait *son moi.* »

Cela est fort bien dit, et mieux peut-être que
Condillac n'a dit lui-même. Il s'agira maintenant de savoir comment la statue qui n'a en
elle que du *variable,* pourra transformer ce variable en constant, ou se constituer *moi.*

Qu'on nous dise donc, une fois, quel est ce
constant moi, identique, permanent dans la
succession de tous les modes variables?

Est-ce un *sentiment* qui est constant, ou reste

toujours le même? Ce sentiment différerait bien
de toutes les sensations adventices, et ne saurait se confondre avec aucune d'elles; mais
quel est-il? D'où vient-il? Quelle est sa nature
ou son origine?

Le constant est-il *l'être*, la substance sen-
tante? Comment le savons-nous ou le croyons-
nous ainsi? D'où vient cette première notion
d'être? Est-elle contemporaine à la première
sensation, avant ou après elle, indépendante
ou dérivée des impressions du dehors? Quoi
qu'il en soit, il faut reconnaître que le *moi*, à
titre de sentiment, ou à celui d'être, n'est pas
une sensation comme une autre, ni un composé
de sensations; et que le sujet d'*attribution*, tel
qu'il existe dans le point de vue intérieur, n'est
ni l'objet, ni aucun des modes attribués à l'objet dans le point de vue extérieur.

Ici le disciple croit résoudre la difficulté en
rectifiant, non pas le *principe,* mais l'expression
du principe de son maître. Il lui suffit d'une
précision entre le *sentiment* et l'*idée* du moi.
» Nul doute, dit-il, que la statue n'ait le sen-
» timent de son existence à la première modi-
» fication d'odeur de rose; mais il lui faudra
» une suite de modifications de la même espèce
» pour en avoir *l'idée.*

La statue a le sentiment de son existence.....
elle est donc *moi*. Mais dans quel point de vue
ce *fait* est-il vrai, ou intelligible? Est-ce pour
elle-même, ou est-ce pour l'observateur que la
statue est dite avoir le sentiment, sans avoir
encore l'idée du moi, c'est-à-dire, sans être une
personne?

Qu'est-ce, encore un coup, qu'un tel sentiment? Comment le concevoir ou l'appeler par
son nom, tant qu'il est confondu avec la modification, et quelle différence peut-il y avoir
pour le moi, entre ne pas se connaître sous
un sentiment propre, individuel, et ne pas
exister?

Qu'on parte d'un premier sentiment, tel que
l'entend et le définit M. Laromiguière........ ou
d'une première sensation, telle que Condillac
l'attribue à sa statue animée, il faudra toujours
dire comment, d'après quelles conditions, quel
nombre de modifications sensibles de la même
espèce, la personnalité pourra naître.

Dans la langue de l'auteur, ce n'est plus, il
est vrai, le *sentiment*, mais bien l'*idée du moi*
qui doit être considéré comme le fait primitif,
le vrai principe de la connaissance; mais ce
principe est-il actif ou passif?

Il ne peut être que passif, d'après M. Laro-

miguière, qui ne fait commencer l'activité qu'a
l'exercice de *l'attention.* Or, la passivité ne
produit rien, elle ne peut donc pas être principe, et la difficulté reste la même.

Pour être conséquent, il fallait dire que
l'idée *de moi* ne commence qu'au premier exercice de l'activité ou de l'attention; mais, en
ce cas, comment a-t-on pu dire que le moi
était d'abord confondu ou enveloppé dans le
premier sentiment?

Il est si vrai, ajoute l'auteur, *que l'ame aurait le sentiment de son existence à la première impression sensible, qu'une telle impression considérée dans l'ame, ne peut être que
cette substance même, modifiée d'une certaine
manière.*

Ce passage est remarquable entre beaucoup
d'autres, par l'interversion des *principes* et la
confusion des points de vue.

Lorsque Descartes considère la pensée dans
l'ame, *substance pensante,* il abandonne le
principe psychologique, et finit par conclure,
de la définition même, que *l'ame pense toujours...* Notre moderne métaphysicien commence ici précisément comme Descartes finit:
en vertu du seul principe d'identité logique,
il passe d'une première modification, à la subs-

tance modifiée en général, et de l'ame modifiée d'une manière quelconque *indéterminée*,
au *moi*, au sentiment, ou au fait d'existence...
Procédé tout-à-fait inverse de celui de l'analyse psychologique qui va du fait primitif aux
notions, et non pas de la notion d'un absolu,
au fait d'existence individuelle.

On peut voir déjà par tout ce qui précède,
combien il y a de vague et d'obscurité dans le
principe, commun à Condillac et à M. Laromiguière. Comment la lumière pourra-t-elle
sortir du sein de ces ténèbres?... Nous sommes
conduits par la liaison des idées plutôt que par
l'ordre des leçons du professeur, à examiner
une question particulière qu'il discute avec un
intérêt et un zèle que la doctrine seule n'aurait
pas inspirés.

§ VII.

Du spiritualisme et du matérialisme.

—

I. Principe de la division de ces doctrines.

On demande si le système de Condillac favorise ou non le matérialisme.

Avant de répondre à cette question, il faudrait bien savoir d'abord qu'est-ce que le matérialisme ou en quoi il consiste ; et comment une doctrine, qui roule uniquement sur les *sensations et les idées*, pourrait établir quelque dogme de cette espèce.

On ne peut résoudre ni même poser de telles questions, sans avoir présente la distinction si essentielle entre les deux points de vue interne et externe, ou entre ce que le *sujet* est pour lui-même aux yeux de la conscience, et ce qu'il est comme *objet* à d'autres yeux que les siens.

L'homme ignore invinciblement ce qu'il est, en soi, dans l'absolu ou la pensée de Dieu même (1). Il ne connaît, que par induction, ce qu'il est comme objet aux regards d'autrui ;

(1) Je rapporterai ici un passage, extrait du Traité de Bossuet, sur la *connaissance de Dieu et de soi-même*; livre trop peu connu ou trop peu médité par les philosophes : on y trouvera une preuve psychologique de l'existence de Dieu, supérieure à la preuve métaphysique de Descartes.

« Il faut nécessairement que la vérité soit quelque part très-
» parfaitement entendue, et l'homme en est à lui-même une
» preuve indubitable.

» Car, soit qu'il se considère lui-même ou qu'il étende sa
» vue sur tous les êtres qui l'environnent, il voit tout sou-
» mis à des lois certaines et aux règles immuables de la vérité.
» Il voit qu'il entend ses lois, du moins en partie, lui qui n'a
» fait ni lui-même, ni aucune autre partie de l'univers, quel-
» que petite qu'elle soit; il voit bien que rien n'aurait été fait
» si ces lois n'étaient d'ailleurs parfaitement entendues, et il
» voit qu'il faut reconnaître une sagesse éternelle où toute loi,
» tout ordre, toute proportion ait sa raison primitive.

» Car il est absurde qu'il y ait tant de suite dans les vérités,
» tant de proportion dans les choses, tant d'économie dans
» leur assemblage, c'est-à-dire, dans le monde, et que
» cette suite, cette proportion, cette économie, ne soient
» nulle part bien entendues; et l'homme qui n'a rien fait, la
» connaissant véritablement quoique non pas pleinement,
» doit juger qu'il y a quelqu'un qui la connaît dans sa perfec-
» tion, et que ce sera celui-là même qui aura tout fait.

» *Nous n'avons donc qu'à réfléchir sur nos propres opé-*
» *rations, pour entendre que nous venons d'un plus haut*
» *principe.* »

On pourrait conclure de là que l'*ignorance savante* qui se connaît, est bien supérieure à la *science ignorante* qui ne se connaît ni ne se juge : l'une nous élève à Dieu, tandis que l'autre nous le cache et nous en éloigne.

mais ce qu'il sait ou ce qu'il peut toujours savoir avec une évidence supérieure (*certissimâ
scientiâ et clamante conscientiâ*), c'est ce qu'il
est *pour lui-même* dans ce point de vue de la
conscience dont seul il a le secret.

Ici, il faut encore admirer la profondeur et
la vérité du principe que saisit Descartes au
sortir du doute méthodique.

Si, en effet, je ne sais pas d'abord *ce que* je
suis, c'est-à-dire, quel *objet* je suis pour des
êtres autres que *moi*, si je puis douter ou igno-
rer même que ces êtres sont ; je sais certainement *qui* je suis pour *moi-même*, je ne puis
douter si j'existe lorsque je me sens ou m'a-
perçois exister.

Que dans le développement de *ma raison*
je m'élève jusqu'à la conception d'un absolu,
tel que l'ame pensante ; tout ce que je pourrai
ainsi concevoir ou croire de mon être, comme
objet tombant sous le point de vue d'un esprit
supérieur, mais extérieur à moi, ne peut certainement coïncider ni correspondre d'une manière *adéquate* avec ce que je suis pour moi-
même à l'œil de ma conscience ; mais s'il n'y
a pas identité ni coïncidence entre les deux
points de vue, il ne saurait du moins y avoir
entre eux *opposition* ni contradiction... Je ne

puis être, dans l'absolu ou aux yeux de Dieu,
le contraire de ce que je suis *pour moi-même :*
car, en ce cas, au lieu de l'harmonie qui règne
entre les deux systèmes parallèles de mes connaissances et de mes croyances, il n'y aurait
en moi que désordre, trouble et confusion. Il
faudrait ou renier des croyances nécessaires
qui me feraient encore la loi malgré moi-même,
ou ne voir que prestiges, illusions dans tout ce
que je pourrais connaître ou percevoir, par
cela seul que je le connaîtrais ou percevrais...
Il n'en est point ainsi : quand je réfléchis ou
que je veux constater ce que je suis pour moi-
même, l'acte libre de ma réflexion et l'effort
qui l'accompagne ou le détermine, me manifestent intérieurement une force qui *commence*
l'action, ou une cause libre productive de certains modes actifs que je ne puis attribuer qu'à
moi et non à un autre.

Sans doute, je puis concevoir que mon ame
est quelque chose de plus qu'une force individuelle ainsi agissante ; mais il m'est impossible de douter qu'elle n'ait, entre autres attributs ou modes cachés que Dieu seul connaît,
l'activité ou la causalité que je m'attribue à
moi-même dans le fait de conscience ; et si je

pouvais douter un instant de cette activité réelle, telle que je l'aperçois immédiatement, je douterais par cela-même de mon existence qui n'en diffère pas.

Que mon ame soit une *substance passible* d'une infinité de modifications, c'est ce que la raison peut bien me forcer de croire ; mais la substance, ainsi entendue comme passive, n'a pas son type dans la conscience, et échappe entièrement au point de vue intérieur. La pente inévitable de mon esprit, c'est de réaliser cette notion, non dans l'absolu du *sujet pensant*, mais dans l'absolu de l'*objet pensé*; et certainement si j'entends la substance comme *Hobbes*, sous la seule *raison de matière*, je n'hésiterai pas à l'exclure de ma constitution personnelle de sujet ou d'être pensant.

Mais en prenant la notion de *substance* à son titre *universel*, si je réunis sous cette unique conception le *sujet* et l'*objet*, comme je n'aurai plus qu'un seul terme antécédent de toutes les attributions les plus diverses, je serai conduit à voir tout objectivement *dans l'absolu*, soit dans l'*Être universel* qui est Dieu, soit dans la *substance* unique ayant à la fois pour attributs la *pensée* et l'*étendue* : ainsi je ferai abnégation complète de moi, de mon individualité personnelle, pour m'identifier ou me confondre avec le *tout* absolu.

Ici, Mallebranche et Spinosa se touchent; leur principe est commun, et le matérialiste ne diffère peut-être du spiritualiste que par la manière d'exprimer et de déduire les conséquences du même principe.

Nous voyons mieux maintenant sur quoi roule toute cette grande discussion entre les spiritualistes et les matérialistes.

En partant du fait de conscience, et de la réflexion, s'attache-t-on d'abord à savoir ce que le sujet sentant ou pensant est pour lui-même, avant de s'informer de ce qu'il peut être *en soi?* le sentiment d'une force agissante s'offre comme le principe unique de la connaissance subjective et objective. L'ame conçue sur ce modèle, ou à titre de *force*, sera nécessairement immatérielle; car nulle cause ou force ne peut se représenter sous une image qui ressemble à l'étendue ou à ce que nous appelons *matière.*

S'occupe-t-on d'abord, au contraire, de ce que l'être pensant ou sentant est en *soi* ou à des yeux étrangers, sans étudier ou sans observer intérieurement ce qu'il est pour lui-même à titre de personne individuelle? la notion de substance se présentera la première, comme embrassant et confondant sous elle les deux mondes externe et interne; et le sujet pensant tendra à s'objectiver ou se localiser dans la substance même entendue sous la *raison de matière*.

Ainsi, comme le *type* réel du spiritualisme se trouve dans la doctrine de Leibnitz, qui a pour principe la notion de *force*, le type du matérialisme est tout dans la doctrine de Spinosa, qui roule sur la notion de substance comme sur son pivot unique.

Que si l'on écarte à la fois les deux notions, ou qu'on prétende les transformer en idées générales collectives déduites de la sensation, comme il ne s'agira plus que de modes ou de signes dont on aurait abstrait l'existence réelle, il ne pourrait y avoir lieu à dogmatiser sur la matière pas plus que sur l'esprit, ce qui nous ramène à la question particulière proposée par M. Laromiguière.

II. La doctrine de Condillac peut-elle conduire au matérialisme?

L'auteur du traité des *Sensations* interpelle en commençant les matérialistes de déclarer comment, en se mettant à la place de la statue, ils pourraient soupçonner qu'il existât quelque chose qui ressemblât à la matière.

A quoi ces philosophes ne seraient peut-être pas embarrassés de répondre.

« Nous accordons bien, diraient-ils, que
» dans votre hypothèse, la statue, bornée au
» sens de l'odorat, ne pourrait jamais soupçon-
» ner l'existence de ce que nous appelons *ma-*
» *tière.* »

« Mais nous vous demandons à notre tour,
» si dans une telle hypothèse où toutes les fa-
» cultés se trouvent réduites à la seule capacité
» de sentir, la statue pourrait mieux soupçon-
» ner qu'il existât quelque chose de semblable
» à ce que vous appelez l'ame ou substance
» spirituelle; et si ne vous ne pouvez pas plus
» répondre à notre interpellation que nous ne
» pouvons répondre à la vôtre, il faut que vous
» conveniez que votre hypothèse ne prouve
» pas davantage en faveur de la réalité d'une

» substance spirituelle, que contre l'unité de
» la substance matérielle. Nous sommes même
» en position plus favorable pour justifier notre
» opinion, que vous ne l'êtes, en vous mettant
» à la place de la statue pour justifier la vôtre ;
» car, nous pouvons appeler en témoignage
» l'observateur du dehors qui croit bien néces-
» sairement à la réalité du corps de la statue
» qu'il perçoit, tandis qu'il ne voit pas l'ame,
» pas plus que cette ame ne s'aperçoit elle-
» même sentant la première odeur de rose. »

« Mais vous qui faites abstraction de toute
» réalité de substance, quand vous cherchez à
» vous mettre à la place de la statue bornée aux
» odeurs, vous vous dépouillez en même temps
» de votre personnalité individuelle, et, par
» une suite nécessaire de toute connaissance
» possible, d'ame comme de corps. »

Je ne sais ce qu'aurait pu répondre Condillac, et l'argument reste dans toute sa force,
malgré tous les efforts, toute la sagacité de son
disciple.

« Il y a bien peu de philosophie, dit l'au-
» teur des Leçons, dans l'opinion de ceux qui
» refusent l'existence à tout ce qui n'est pas
» matière. »

Nous en convenons, mais il faut reconnaître

aussi qu'il y a bien peu de philosophie à croire qu'en partant de la pure sensation on parviendra à recomposer de toutes pièces un monde de réalités, soit spirituelles, soit matérielles.

L'hypothèse de Condillac nous amène, suivant l'auteur, à cette conclusion rigoureuse et inattendue : « C'est que les facultés auxquelles » nous devons notre intelligence et notre rai- » son ne dépendent pas, quant à *leur existence,* » de l'organisation de notre corps. »

Voilà certes un résultat bien inattendu et un grand problème résolu, ou du moins tranché nettement en faveur de l'idéalisme spirituel; changez un mot et dites : « Les *facultés* aux- » quelles nous devons notre intelligence et » notre raison, ne dépendent pas, quant au *sen-* » *timent actuel de leur exercice,* de la connais- » sance objective de l'organisation de notre » corps....... » et vous aurez à la place d'une maxime absolue, qu'il est impossible de justifier, une vérité relative qui ne prouvera rien aussi ni pour ni contre le matérialisme absolu.

Nous pouvons bien en effet avoir le sentiment de tel exercice de nos facultés sans aucune représentation actuelle du corps organique comme objet extérieur : mais quand nous pourrions exercer toute espèce d'opérations intellectuelles, sans savoir que nous avons un corps, des nerfs, un cerveau; ces organes en existeraient-ils moins, en influeraient-ils moins réellement sur l'exercice de nos facultés?

L'auteur continue : « Si un être peut exister, » s'il peut être heureux ou malheureux, s'il » peut avoir les facultés intellectuelles que nous » avons sans soupçonner qu'il existe de l'éten- » due, que deviennent les prétentions de ceux » qui affirment, avec tant d'assurance, qu'un » être inétendu est une chimère; qu'une subs- » tance immatérielle est une négation d'exis- » tence? » (Page 210 des Leçons, etc.)

On voit bien que l'argument peut être ici rétorqué de la même manière qu'auparavant contre le spiritualisme. En effet, dirait-on, si tant d'êtres organisés et animés peuvent sentir, être affectés de plaisirs ou de peines, sans sa- voir qu'il existe une ame distincte du corps au- quel se rapportent toutes les sensations, que deviennent les prétentions de ceux qui affir- ment qu'il existe une substance inétendue ou immatérielle?... Les deux argumens contraires ont la même force, et doivent se neutraliser, si la science et l'existence sont la même chose; si le *ratio essendi* et le *ratio cognoscendi* ne diffèrent pas, quant au principe; enfin si la sensation est tout pour la croyance comme pour la connaissance.

Ici se présente une objection générale contre toute doctrine qui part d'un état primitif *supposé*, tel que celui de la pure sensation, pour reconstruire le système actuel et réel de la connaissance humaine.

III. Objection contre l'hypothèse d'un état primitif.

Locke, Condillac et leurs disciples ont attaché une importance exclusive à déterminer l'*origine* de notre connaissance. Peut-être aurait-il fallu d'abord approfondir davantage la nature même de cette connaissance actuelle; savoir quel est son fondement réel; quels sont les titres de sa légitimité : puisque l'on convient d'ailleurs que toutes les idées ne correspondent pas à des existences réelles ; qu'on est forcé de reconnaître que l'imagination et les sens ont leurs illusions, et que notre esprit a ses idées archétypes sans modèle.

D'ailleurs qu'est-ce que l'origine d'une connaissance? Comment l'entend-on, comment peut-on connaître cette origine elle-même ou en constater la vérité?

L'origine est l'*état primitif*. Mais l'*état* d'un être en présuppose l'existence réelle. Et comment sait-on ou croit-on cette réalité d'existence? Il faut bien, dira-t-on, l'admettre comme *donnée* ou *postulatum*. A la bonne heure, admettons ce postulat comme la condition d'un *état primitif* quelconque; mais ce *primitif*, lui-même, qu'est-il, sinon une hypothèse qui n'a aucun rapport avec *l'actuel*, comme étant tout-à-fait hors de la portée de nos sensations, de nos idées et de nos souvenirs?

Admettons encore l'hypothèse à son titre; nous pourrons en admirer l'artifice et la beauté.

Mais quel parti pourrons-nous en tirer, et à quel usage l'emploierons-nous? Prétend-on qu'elle serve de règle ou de type à toute notre connaissance actuelle? En ce cas nous n'aurons qu'une science *idéale*, conditionnelle et hypothétique comme son principe. L'emploierons-nous à son véritable titre d'hypothèse, ou comme moyen d'expliquer des faits donnés indépendamment d'elle? En ce cas le *primitif supposé* devra se vérifier ou se légitimer par ses relations avec l'actuel. Il s'agira donc de comparer l'hypothèse avec les faits d'observation intérieure, et de montrer qu'elle y satisfait, c'est-à-dire qu'elle représente ou reproduit le système complet de nos connaissances et de nos croyances, tel que la réflexion peut le constater dans toute vérité.

C'est ainsi que l'hypothèse de Copernic, par exemple, se vérifie ou se légitime en tant que le mouvement supposé de la terre explique ou reproduit fidèlement les rétrogradations des planètes et tous les phénomènes astronomiques tels que nos sens les perçoivent, etc.

Que s'il fallait altérer le moins du monde les faits certains que nous connaissons, pour qu'ils pussent se plier à l'hypothèse du primitif ou rentrer dans le système fictif des idées qui s'en déduisent; quelles que fussent la rigueur et la force démonstrative de ces déductions logiques, le principe n'en flotterait pas moins en l'air, et l'hypothèse n'aurait abouti qu'à créer des fantômes.

Appliquons ceci au système de Condillac. La statue, après que tous ses sens ont été ouverts, après qu'elle a reçu, combiné, comparé toutes les espèces possibles de sensations, ferme-t-elle son cercle de connaissance hypothétique en excluant un système entier d'idées ou de notions pareilles à celles que nous avons actuellement des *causes*, *substances*, *êtres?*... Alors, au lieu d'en conclure la non-réalité des notions, il faudra en conclure plutôt la nullité ou le vice de l'hypothèse elle-même; il faudra dire que, la statue n'étant pas un sujet pensant, et n'ayant pas été taillée sur le *modèle de l'homme,* tel qu'il *est,* le système des connaissances dérivées de la sensation n'est pas le vrai système de la connaissance humaine.

Ici nous trouvons à faire, sur le système de Condillac, une épreuve semblable à celle qui a été pratiquée sur le système de Kant, et dont un digne ami de la science et de la morale nous raconte ainsi l'intéressante histoire (1).

« Par analogie avec le procédé que les phy-
» siciens emploient pour s'assurer de la justesse
» d'une expérience, (Reinhard) rassemblant
» les élémens de notre organisation, tels qu'ils
» résultent de la décomposition opérée par la
» philosophie de Kant, se mit à reconstruire,
» avec ces matériaux, tout l'édifice de l'être
» moral : au lieu de voir renaître cet ensemble
» admirable et harmonique dans lequel toutes
» nos forces se prêtent un mutuel secours, et
» contribuent, chacune pour sa part, sans qu'il

(1) *Voy.* les *Lettres de Reinhard*, etc., traduites de l'allemand par M. Monod, avec une Notice raisonnée sur les écrits de Reinhard, par Ph. Stapfer.

» y ait ni choc ni ressort superflu, au but in-
» diqué par nos besoins physiques et moraux,
» il sortit de cet essai de rapprochement, re-
» nouvelé à diverses reprises, un tout si inco-
» hérent, si dépourvu et d'accord dans ses
» parties constituantes, et des traces de cette
» économie sage, de cette prévoyante solici-
» tude, qui brillent dans tous les ouvrages de la
» nature, qu'il sentit la plus forte répugnance
» à adopter des principes qui conduisaient
» par l'épreuve de la synthèse, à des résultats
» aussi peu conformes aux besoins de l'homme
» et aux desseins paternels de son auteur. Il
» se crut en droit de soupçonner dans le tra-
» vail analytique de Kant, quelque défaut se-
» cret, quelque lacune importante que l'habi-
» leté du maître et le prestige de son art avaient
» dérobée à son attention, à peu près comme
» un chimiste qui ne réussirait pas, en combi-
» nant de nouveau les élémens qu'il aurait ob-
» tenus par la décomposition d'une substance,
» à la reproduire telle que l'offre la nature,
» resterait convaincu de l'imperfection de ses
» expériences, etc. »

§. VIII.

De l'activité du MOI, *et de la causalité primitive.*

Verum index sui.

Il ne faut pas demander à Descartes quel est
le principe ou l'origine de la pensée, d'où elle
vient, quelle en est la cause; car la pensée n'est
point un simple mode accidentel de l'ame,
mais son attribut *essentiel*, inné en elle, ou avec
elle; elle ne peut donc avoir de cause efficiente
autre que Dieu, auteur unique de toutes les
substances... et l'origine n'est ici que la création elle-même.

Mais dès qu'il s'agit d'une première sensation passive et adventice dont la substance
peut être dépouillée sans cesser d'exister, il y
a toujours lieu à demander quand et comment
cette modification peut commencer; quelle
en est l'origine, la condition et la cause productive.

Or, dans cet état passif, qu'on multiplie les
sensations, qu'on les varie tant qu'on voudra,
on n'en fera jamais ressortir l'idée ou la notion

de *cause* ou de *force* telle qu'elle est pour nous, et avec le caractère de réalité qui lui est propre et inhérent.

Comment concevoir, en effet, qu'une sensation produise une autre sensation de même espèce; ou que l'être sentant, qui s'identifie tour à tour avec chacune de ses modifications, puisse avoir le sentiment ou l'idée de quelque *cause* qui les produise?

Mais prend-on le type de la connaissance ailleurs que dans une statue, ou s'agit-il d'un sujet libre et intelligent comme nous, il est impossible que ce sujet ait une première *idée* de la modification quelconque qu'il éprouve, c'est-à-dire qu'il commence à l'apercevoir et à la distinguer de lui-même, sans avoir en même temps la notion de quelque *cause* ou force productive actuelle.

Mais s'il est évident pour nous, d'un côté, qu'il existe réellement et nécessairement quelque *cause* ou force productive de nos sensations, et d'un autre côté qu'une telle cause ne peut ressembler à aucune sensation ; n'est-on pas fondé à dire qu'une telle notion est inhérente au sujet pensant, ou innée à l'ame?

Il semble ici que la conclusion soit inévitable, ou qu'il n'y ait qu'à opter entre deux partis extrêmes, dont l'un est comme *le coup de dé-sespoir de l'analyse* philosophique, tandis que l'autre répugne à toutes les données de la réflexion et de la raison, savoir : ou 1° que la causalité est une idée *innée*, une *forme*, une *catégorie*, une *loi première et nécessaire* de la pensée; ou 2° que la cause qui fait commencer une sensation, n'est elle-même qu'une sensation; ce qui revient à dire qu'il n'y a pas de *cause* en reniant toute croyance, toute existence même.

S'il y a quelque terme moyen entre ces deux extrêmes, la philosophie ne l'a pas encore trouvé; si la notion *de cause* a une origine ou un antécédent psychologique dans un fait primitif ou dans un sentiment individuel unique, et *sui generis,* ce sentiment ou ce fait n'a point encore été démêlé et nettement exprimé ou conçu sous son véritable titre de primauté.

Voyons s'il ne serait pas possible de remplir cette lacune si essentielle, et de donner à la psychologie la base qui lui manque; indiquons du moins un *principe* que nous serons peut-être appelés à développer ailleurs, et à suivre dans toutes ses applications (1).

(1) Dans un Traité de *psychologie, ex professo*, dont cet écrit accidentel n'est qu'un extrait anticipé.

Cette base, nous ne la trouverons pas en regardant hors de nous-*mêmes*, en comparant nos sensations ou *intuitions* externes, en les abstrayant les unes des autres, ni en considérant l'ordre dans lequel elles se succèdent. Tout cela est étranger à l'idée de cause ou de force.

L'origine de cette idée est plus près de nous, nous l'obtenons par une opération plus simple, plus immédiate, savoir : par l'*aperception interne* de notre existence individuelle.

Le même acte réflexif par lequel le sujet se connaît et se *dit moi*, le manifeste à lui-même, comme force agissante, ou cause qui commence l'action ou le mouvement sans y être déterminé ni contraint par aucune cause autre que le *moi* lui-même, qui s'identifie de la manière la plus complète et la plus intime avec cette force motrice (*sui juris*) qui lui appartient.

En effet, pendant que tout ce que j'appelle *sensations*, s'objective au regard de ma pensée dans l'espace extérieur, ou dans l'étendue de mon corps propre, cette force seule ou le sentiment immédiat que j'ai de son exercice dans un effort actuel, ne se localise en aucune manière.

J'attribue bien, par exemple, à mes membres le mouvement, ou plutôt, l'espèce de modification active (*sui generis*), qui accompagne la contraction volontaire des muscles, et que j'appelle aussi *sensation musculaire*; mais je n'attribue pas à ces organes la volonté de se mouvoir. Pourquoi? Parce que cette volonté n'est pas différente de *moi*, et que ce *moi* qui sent ou perçoit tout dans l'*espace*, ne peut se localiser lui-même ou s'identifier avec l'objet perçu, sans s'anéantir.

Certainement la cause ou la force productive interne, que j'appelle ma volonté, a une sphère d'activité plus étendue que les mouvemens de mon corps, puisqu'elle embrasse en même temps plusieurs opérations de mon esprit.

Mais l'espèce, le nombre, les caractères des effets ne changent rien à la nature de la cause. L'effort primitif n'est pas plus *matériel* dans les premiers mouvemens *volontaires* du corps que dans l'exercice de l'activité intellectuelle et morale développée; et nous entendrons mal cette *activité*, comme les notions dont elle est le type, tant que nous ne l'aurons pas ramenée à son principe, ou au mode d'exercice le plus simple sous lequel elle puisse se manifester à la conscience.

Or, le premier sentiment de l'effort libre comprend deux élémens ou deux termes indivisibles, quoique distincts l'un de l'autre dans le même fait de conscience, savoir: la détermination ou l'acte même de la volonté efficace, et la sensation musculaire qui accompagne ou suit cet acte dans un instant inappréciable de la durée.

Si le *vouloir* n'accompagnait pas, ou ne précédait pas la sensation musculaire, cette sensation serait passive comme toute autre; elle n'emporterait donc avec elle aucune idée de la *cause* ou force productive.

D'un autre côté, sans la sensation *effet*, la cause ne saurait être aperçue, ou n'existerait pas comme telle pour la conscience.

Le sentiment de l'effort fait donc tout le lien des termes de ce rapport primitif, où la *cause* et l'*effet* sont donnés distincts comme élémens nécessaires d'un seul et même fait de conscience.

Dans une hypothèse comme celle de la girouette *animée*, dont parle Bayle, où l'on concevrait un être sentant, *mu* à point nommé comme il désirerait, ou par une sorte d'*harmonie préétablie* entre ses affections, ses besoins ou ses désirs, et les mouvemens de son corps, il n'y aurait rien de semblable à l'*effort* libre, ou au pouvoir, à l'énergie que nous sentons en nous-mêmes, et qui constituent notre existence, notre propriété personnelle. En admettant même qu'un tel être pût avoir quelque sentiment obscur de personnalité, il est impossible de concevoir comment, de l'accord le plus parfait, le plus intime entre des désirs, et des mouvemens sentis sans aucun effort, c'est-à-dire, *involontaires*, on pourrait dériver quelque idée ou notion *de pouvoir, de force* productive, ou de cause efficiente, telle que nous l'avons *immédiatement* de nous-mêmes, et *médiatement* des êtres ou des choses auxquelles nous attribuons le pouvoir de nous modifier.

Arrêtons-nous ici. En développant ces premières données réflexives sur l'origine commune de la causalité et de la personnalité même, nous ferions un traité complet de psychologie.

Bornons-nous seulement à quelques applications propres à éclairer et à justifier le principe psychologique.

L'activité libre qui coïncide avec la conscience du *moi* dans l'état de veille, est le seul caractère qui différencie cet état de celui du sommeil, où l'activité du vouloir et de l'effort étant suspendue, le *moi* s'évanouit, quoique la sensibilité physique et l'imagination spontanée qui en dépendent puissent être en plein exercice.

Des inductions fondées sur la même expérience nous persuadent également que les animaux n'ont point un *moi* comme nous, par cela seul qu'ils n'ont point d'activité libre, que tous leurs mouvemens sont subordonnés à la sensibilité physique, ou à un *instinct* dénué de toute réflexion. Nous savons aussi que le sentiment du *moi* s'obscurcit ou disparaît avec l'activité volontaire dans les aberrations de sensibilité ou d'imagination connues sous le nom de délire, de manie ou de passions poussées à l'extrême.

Enfin, toutes les observations dirigées vers ce côté par lequel la psychologie touche à la physiologie, concourent à nous démontrer une identité parfaite de nature, de caractère et d'origine, entre le sentiment du *moi* et celui de l'activité ou de l'effort voulu et librement déterminé, d'où nous sommes autorisés à conclure : 1° qu'avec toutes les sensations affectives variées, combinées entre elles ou se succédant de toutes manières, la *personnalité* pourrait ne pas exister; 2° que l'activité seule, en l'absence de toutes les causes étrangères de sensations, la

volonté, tenant les yeux ouverts dans les ténèbres (*usque in spissis tenebris,*) l'ouïe tendue
(*arrecta*) dans le silence de la nature, les organes de la vie *animale* dans un parfait repos,
les muscles contractés dans une complète im-
mobilité du corps, l'*homme* est encore tout entier. La personnalité reste intacte tant qu'il y a
activité volontaire, ou tant que subsiste cet effort *immanent* qui la constitue.

Maintenant si nous voulions tenter le passage du point de vue de la conscience, ou de
la *science* même, à celui de la croyance; c'est-
à-dire, conclure de ce que le sujet de l'effort
est pour lui-même, à ce qu'il est en *soi* comme
force ou cause absolue hors de l'action ou du
sentiment actuel de l'effort, nous dirions que
la force qui est *moi* ne peut différer de l'absolu
de cette force, autrement que comme diffèrent
les deux points de vue sous lesquels il nous est
donné de la concevoir; et ici nous retrouvons
le principe ou l'enthymême de Descartes, ra-
mené à sa véritable expression psychologique.

Je me sens ou m'aperçois, cause libre, donc
je suis réellement cause.

Substituez dans cette expression la *substance*
à la *cause*, et vous n'aurez qu'une conclusion
logique, parce qu'il n'y a pas conscience, ou

sentiment immédiat de la substance, comme il
y a conscience de force ou de causalité.

L'activité proprement dite , ou la liberté ,
est un *sentiment,* une aperception immédiate
interne ; dès qu'on la met en question, ou
qu'on cherche, soit à la déduire de quelque
chose d'antérieur, soit à la figurer sous quelque symbole physiologique, on en dénature
l'idée ; *l'objet* dont on parle est tout-à-fait hé-
térogène au *sujet* en question ; c'est là une
sorte de travers d'idées et de langage qu'on
peut remarquer dans presque toutes les discussions de ce genre.

Quand on s'informe si l'agent est libre et
comment il l'est, on *demande ce qu'on sait.*

Veut-on savoir de plus quels peuvent être
les instrumens ou les ressorts organiques auxquels tiennent les volitions (1), *on ne sait pas
ce qu'on demande.*

On peut dire que le *relatif* et l'*absolu* coïn-
cident dans le sentiment de force ou de libre

_____

(1) « La volonté ne saurait être enveloppée dans aucune
» succession passive ; ce n'est pas une simple conscience de ce
» qui arrive, ce n'est pas une approbation de l'entendement ,
» ni un sentiment de *préférence,* ni enfin le plaisir qu'on
» prend à un événement : toutes ces choses n'ont rien d'actif ;
» les moyens par lesquels la volonté opère des changemens

activité; et c'est là, mais là uniquement que
s'applique cette pensée de Bâcon si opposée
dans tout autre sens à notre double faculté *de
connaître et de croire.*

*Ratio essendi et ratio cognoscendi idem
sunt, et non magis à se invicem differunt
quàm radius directus et radius reflexus.*

Ici, en effet, l'aperception immédiate interne de la force productive, n'est-elle pas,
comme le *rayon direct*, la première lumière
que saisit la conscience ?... et la conscience
réfléchie de force ou d'activité libre, qui donne
un objet immédiat à la pensée sans sortir
d'elle-même, n'est-elle pas comme la lumière
qui se réfléchit en quelque sorte du sein de
l'absolu?...

Que s'il s'agit de l'ame substance, telle
qu'elle est en soi ou aux yeux de Dieu qui la
créa, le *ratio essendi* n'est pas certainement le
ratio cognoscendi.... Qui pourrait dire en effet
quels sont les modes divers dont l'ame est susceptible, ce qui convient ou ne convient pas à

» sont parfaitement inconnus; les ressorts auxquels tiennen
» ces volitions sont autant de mystères sur lesquels nous n
» pouvons que bégayer. »

(M. MÉRIAN, *Mémoire sur l'aperceptio
des idées.* Académie de Berlin.)

son essence ; quelles sont les limites de ses
facultés actuelles ; quelle est l'étendue de celles
qui, n'étant pas encore nées, doivent peut-
être un jour se développer dans un autre mode
d'existence ?...

Ici il n'y a pas de lumière directe ni réfléchie, qui nous éclaire sur ce que nous sommes
dans l'absolu ; et la pensée réfléchie est à l'ame
ce que *l'asymptote* est à *la courbe*, qu'elle
n'atteint que dans l'infini.

Assurément l'ame s'ignore complètement
elle-même à titre de *substance*; mais à titre de
force ou de cause libre elle s'aperçoit et se
connaît bien mieux qu'elle ne connaît toutes
les forces de la nature, puisqu'au lieu d'atteindre celles-ci directement ou dans le point de
vue extérieur, elle ne peut les concevoir que
comme elle est elle-même dans son point de
vue interne (1).

(1) *Externa non cognoscit nisi per ea* (ou *instar eorum
quæ sunt in semetipsa*), dit Leibnitz.

§ IX.

*Examen de la doctrine de M. Laromiguière,
au sujet de l'ACTIVITÉ de l'ame.*

Rien de plus clair et de plus évident que
l'activité prise dans la conscience du *moi* où
elle a son type unique. Rien de plus vague et
de plus obscur que l'activité attribuée dans
l'absolu à une substance qui n'est pas moi, et
qu'on cherche à se représenter sous quelque
image.

Quand j'agis librement, j'aperçois immédiatement que je suis actif ou libre; et toute la
nature ne saurait démentir le témoignage de
mon sens intime.

De même quand je suis passif sous tel mode
déterminé de mon existence, c'est-à-dire, quand
j'éprouve ou que je *subis* des affections de
plaisir ou de peine qui commencent, conti-
nuent, s'interrompent ou se succèdent en moi
de toute manière, sans que ma volonté ou *moi*
en soit la cause, on aurait beau m'assurer que
je suis actif, je croirais toujours à la voix in-

térieure qui me crie le contraire. Et si l'on m'assure que l'ame agit dans la sensation pour se modifier elle-même, ou qu'il y a dans quelque partie du cerveau quelque ressort qui se débande, *réagit* sur les impressions sensibles ; je répondrai que tout cela est possible, mais qu'en ce cas, ni ces ressorts organiques, ni l'ame même dont on parle comme agissant à mon insu, ne sont *moi*.

Quand je suis actif, pourquoi crois-je chercher au dehors la cause que j'aperçois immédiatement comme identique avec moi? et quand je suis passif, pourquoi mettrais-je *en moi* la force qui me contraint, me fait la loi et m'enchaîne comme le *fatum?*

Condillac dit : « La statue est active quand » elle a en *elle la cause de ses sensations.* » Elle est *passive* quand la cause est exté- » rieure. »

Sur quoi il est aisé de voir que la statue n'est active ou passive que pour l'observateur du dehors et non point pour elle-même, puisqu'elle n'a ni ne peut avoir encore aucune idée, aucun sentiment de cause interne ni externe.

M. Laromiguière dit à son tour (page 141) : « *L'expérience nous apprend* que nous sommes » tour à tour actifs et passifs, *puisque la cause*

» *de nos modifications est tantôt hors de nous,*
» *tantôt en nous.* »

De quelle expérience s'agit-il ? est-ce de
l'*extérieure?* Mais comment cette expérience
peut-elle nous apprendre qu'il y a hors de
nous une *cause* active qui nous modifie? d'où
vient la première idée d'une *cause?*

Parle-t-on de l'expérience *intérieure?* En ce
sens, il est bien vrai que cette expérience (qui
a des caractères particuliers et bien distincts)
nous apprend que nous sommes tour à tour
passifs et actifs, puisqu'en effet tantôt *nous
sommes causes* de nos modifications, et tantôt
nous ne le sommes pas. Voilà ce que nous
comprenons clairement et ce que nous savons,
certissimâ scientiâ et clamante conscientiâ.

Mais pour s'entendre ainsi avec soi-même, il
ne faut pas donner à la *cause,* la valeur d'une
représentation tout objective, en disant qu'elle
est tantôt hors de nous, tantôt en nous comme
dans la *statue.*

Car qu'est-ce qu'être en nous? Qu'est-ce
que le *nous-mêmes?* Est-ce l'ame? Est-ce le
corps ou le composé de deux substances?

Qu'importe et comment le savoir, si ce qui
est dit ainsi, *être dans l'ame,* ou dans le corps
organisé vivant, est étranger à la conscience,

ou ne touche pas plus le *moi* que ce qui se passe dans un monde éloigné?

« L'ame agit, dit le professeur (page 91);
» *elle fait effort* pour retenir le sentiment
» *plaisir*, ou pour repousser le sentiment *dou-
» leur.* »

Comment savez-vous que l'ame agit, qu'elle fait effort, quand vous vous sentez passif sous le charme du plaisir, ou sous le coup de la douleur? Ce prétendu effort que vous ne voulez ni ne sentez, est-il la cause de la sensation? Vous n'oseriez pas le dire. N'en est-il qu'un élément, ne sert-il qu'à la compléter? En ce cas, il fait partie de cette sensation même. Pourquoi donc en faire un principe à part?

Continuons... « L'expérience nous dit en-
» core que cette *action* de l'ame ne se borne
» pas à modifier l'ame. *Il arrive souvent*, en
» effet, que cette action est suivie d'un mou-
» vement du cerveau, lequel est lui-même suivi
» d'un mouvement de l'organe qui se porte
» vers l'objet ou tend à s'en *éloigner.* »

Je ne sais quelle sorte d'expérience peut nous apprendre qu'il y a dans le plaisir et dans la douleur une *action* par laquelle l'ame se modifie elle-même; et je le conçois d'autant moins que j'ignore plus profondément ce qu'est

l'ame en *soi;* ce qui est en elle à titre de modification propre de la substance.

Quant à la succession des mouvemens de
l'ame au cerveau, du cerveau à l'organe et de
l'organe à l'objet, je ne crois pas non plus que
l'expérience extérieure nous apprenne rien de
bien positif sur l'espèce et l'ordre de ces phénomènes organiques. Nous n'en avons du moins
bien certainement aucune conscience; sans accorder à l'auteur ce qu'il dit dans un autre
passage déjà cité, qu'il paraît difficile de concilier avec celui-ci, savoir : que *les facultés de
l'ame ne dépendent en rien de l'organisation
de notre corps*, nous sommes bien assurés du
moins que l'exercice pur de la sensibilité n'em-
porte aucune perception interne ni externe des
organes qui en sont les instrumens ou les agens
immédiats.

Ce n'est donc que physiologiquement, et,
comme on sait, d'après des conjectures plus ou
moins hasardées, bien plus que d'après quelque
expérience directe, que nous nous figurons des
impressions transmises au cerveau, et de là à
l'ame, qui réagit à sa manière, etc., etc. Certainement tout ce mécanisme organique ne
ressemble en aucune manière aux phénomènes
psychologiques internes, exprimés par les ter-

mes *affection*, *sensation*, *sentiment*, encore
moins à la cause ou force productive de ces
phénomènes.

L'auteur continue..... « Quand l'impulsion
» est du dehors au dedans, l'ame est passive;
» quand elle est du dedans au dehors, l'ame
» est active. Le principe du mouvement est
» dans l'ame qui agit sur le cerveau, le cer-
» veau remue l'organe et l'organe cherche l'ob-
» jet, etc., etc. »

Ai-je donc besoin de tout cet appareil de
réactions et de mouvemens organiques pour
savoir quand je suis actif et quand je suis
passif?

Espère-t-on expliquer ainsi l'activité qui
m'est propre et personnelle, et ne voit-on pas
qu'on la dénature ou qu'on l'obscurcit en voulant la représenter ou la figurer sous des images
étrangères, en la cherchant dans l'objet, avant
de l'avoir saisie dans le sujet, et dans le sens
même qui lui est propre (1)?

« Sensibilité, activité passive : voilà deux at-
» tributs que l'*expérience* nous force à recon-
» naître dans l'ame. »

Nous venons de voir *comment*, et sur quoi

(1) *Voy*. la note à la fin de l'ouvrage.

repose cette distinction physiologique et abstraite.

« L'activité seule est *puissance*, pouvoir,
» faculté ; la sensibilité n'est ni faculté, ni
» pouvoir, ni puissance; c'est une simple *ca-*
» *pacité*. »

Nous accordons bien la distinction, pourvu
qu'on entende *l'activité* comme il faut ; car
pourquoi la capacité de réagir sur les impressions reçues, serait-elle plutôt une *faculté* que
la sensibilité même dont elle fait partie dans
l'hypothèse précédente ?

« Si l'on s'informait de la manière dont un
» mouvement déterminé du cerveau produit
» un sentiment dans l'ame, comment il se peut
» que l'action de l'ame remue le cerveau, nous
» répondrions que nous n'en savons rien. »

Il y aurait bien une première question à faire
avant celle du *comment*, savoir si l'hypothèse
même est fondée, ou si elle peut être considérée comme un fait de notre nature.

Un mouvement déterminé du cerveau *produit* un sentiment dans l'ame. Qui le sait et
comment le concevoir ?

On sait physiologiquement ou par l'observation extérieure, qu'il y a une organisation, un
cerveau, des nerfs, etc. Mais quels sont les rap-

ports de cette organisation visible avec le sentiment, et surtout avec la force qui produit le mouvement, avec le *vouloir* ou le *moi?*

S'il y a là un abîme, notre philosophe ne paraît pas s'être placé dans le point de vue propre à reconnaître cet abîme, là où il est réellement; c'est-à-dire dans l'hypothèse même qu'il adopte comme un *fait*, et qui sert de principe ou de type à l'espèce d'activité qu'il attribue à l'ame.

« Je donne le nom d'*attention* (faut-il dire à
» Condillac) à la première sensation (quand
» elle est exclusive de toute autre), afin qu'on
» soit averti que *l'activité* s'exerce au même
» instant que la *sensibilité*, afin qu'on sache que
» la sensibilité et l'activité ne sont qu'une seule
» et même chose, et que ce n'est que par abs-
» traction que nous voyons deux phénomènes
» dans un seul, etc. »

Ici le maître me semble avoir toute raison contre le disciple, au moins dans le point de vue commun sous lequel ils considèrent l'un et l'autre l'activité de l'ame : dans la substance même indépendamment du moi ou du sentiment propre de cette activité.

Mais, objecte M. Laromiguière, si la sensibilité et l'activité sont une seule et même chose, *pourquoi dites-vous que la sensation se transforme en attention?*

A quoi Condillac aurait pu répondre :

« Parce que je considère tour à tour la sen-
» sation sous des rapports différens et avec
» quelques circonstances accessoires qui en
» changent successivement la *forme*. Est-ce
» que cela n'est pas tout-à-fait analogue à la
» manière dont vous définissez et considérez
» vous-même les *principes*? »

« Vous qui tirez un si grand parti de la logique et qui maniez si bien l'instrument d'analyse
que je vous ai légué, pouvez-vous demander
pourquoi je *transforme?* Est-ce que vous croyez
faire autre chose quand vous analysez les facultés de l'ame, quand vous partez de définitions comme de principes, quand vous classez
et énumérez ainsi les facultés nominales en les
rattachant à une sorte d'activité tirée de la sensation et subordonnée à elle, etc.? »

« Quest-ce donc que cette classification, cette
réduction de toutes les facultés de l'esprit humain, au nombre *trois*, si non une sorte d'*équa-
tion logique,* résultat final de transformations
ou de substitutions de signes? »

« Convenez qu'au langage près, votre doctrine n'est pas différente de la mienne. »

« Je n'ai pas nié que l'attention ou la sensation même *devenant exclusive de toute autre,*
se liât à une action ou réaction de l'ame sur le
cerveau, etc., comme vous l'entendez.

« Si je n'ai pas parlé des conditions physio-
logiques ou de la *force* même qui agit ou réagit
sur les impressions, c'est que je ne parle que de
ce que je sais, ou puis conjecturer raisonnable-
ment en me mettant à la place de la statue :
or, il n'y a aucune sensation ni représentation
de la force, pas plus pour la statue que pour
nous-mêmes. Aussi cette idée a toujours quelque chose d'*obscur* et de mystérieux au dernier
point (1).

« Lorsque vous voulez prouver par des passages, extraits de mes divers ouvrages, que
mon *principe* exclusif, *la sensation,* peut se
concilier avec l'activité que j'ai attribuée à
l'ame, même en l'*exagérant,* selon vous, vous
n'entendez pas autrement que moi, cette activité dont vous parlez comme d'un principe, et
qui n'est au vrai qu'une circonstance, une suite
de l'impression reçue, ou un élément de la sensation totale. »

(1) *Voy.* le *Traité des animaux,* où Condillac condamne
formellement l'emploi que font certains métaphysiciens du
mot *force,* etc.

« C'est là le véritable sens des divers articles que vous citez en vue d'une justification aussi inutile pour nos disciples que pour ceux d'une autre école qui ne se feront pas illusion sur les mots. Ces derniers même pourront trouver dans quelques-unes de vos citations un argument contre la thèse apologétique que vous soutenez en ma faveur. Ils auront de la peine à attribuer l'*activité,* telle qu'ils l'entendent, aux *passions* elles-mêmes, au *désir,* au *contraste vivement senti des plaisirs et des peines,* etc Ils ne consentiront pas à réduire la libre *activité* à un sentiment de *préférence.* Enfin, ils ne verront que des *métaphores* dans les expressions que vous prenez au propre pour en faire ressortir une justification impossible.... »

Nous ne pousserons pas plus loin cette espèce d'allocution, qu'on pourrait étendre encore sans rien ajouter à l'évidence de la conclusion qui s'en déduit. C'est qu'une activité nominale, attribuée à l'ame substance, dans toute hypothèse qui en subordonne l'exercice à des objets ou à l'excitation des organes, est précisément la négation d'une véritable activité libre et réflexive.

L'activité attribuée à l'ame et subordonnée aux objets, ne peut être un *principe;* et sous

(163)

ce rapport du *principe* même (entendu d'après la définition donnée par le professeur), il n'ajoute rien à la doctrine du traité des Sensations.

A la fin de son ouvrage, l'auteur s'attache à justifier la distinction ou même la séparation absolue qu'il établit partout entre les *principes* et les *causes*.

Nous prétendons justifier de notre côté, par tout ce qui précède, l'assimilation complète ou l'identité de notions exprimée, par ces deux termes, *principe* et *cause* dans le point de vue et le langage psychologique; et l'identité nous semble ici ressortir des argumens mêmes employés pour prouver la diversité.

Le *sentiment*, selon M. Laromiguière, comme la *sensation*, selon Condillac, est le *principe* de toute connaissance ... Mais prend-on le mot *sentiment* dans cette acception générale, où il s'applique indistinctement à toutes les modifications de l'ame, même les plus passives ? A ce titre, le sentiment généralisé ne peut être qu'un principe abstrait ou *logique*. S'agit-il d'un sentiment particulier, individuel, unique, et qui n'a point de *genre*, tel que celui du *moi*, de l'existence individuelle ?

11.

En ce cas, comme nous avons vu que ce
sentiment ne diffère pas de celui d'une activité
qui est cause, dire que le *sentiment* pris ainsi
au titre individuel du *moi*, est le principe de
la connaissance.... c'est dire que le *principe*
de la connaissance n'est autre que celui de
causalité.

L'auteur l'entend autrement, lorsqu'il répond (page 419) à une objection qu'il se fait à
lui-même.

« Il est vrai, dit-il, que les mots *principe* et
» *raison* peuvent quelquefois se substituer au
» mot *cause*. Mais qu'est-ce que cela prouve ?
» Que ces deux mots ont chacun deux accep-
» tions : celle qui leur est *propre*, et celle *de*
» *cause* : or, c'est dans l'acception qui leur est
» *propre* que je les ai employés. »

Pour juger de la *propriété d'acception*,
faut-il seulement consulter votre *diction-*
naire ?

Ne puis-je pas à mon tour dire, dans une
acception propre et très-réelle, que ma volonté
est le *principe* ou la *cause* de mes détermina-
tions, et actes libres ; que Dieu est le *principe*
ou la *cause* de l'univers ?

Après avoir beaucoup parlé des principes,
l'auteur nie expressément d'avoir parlé de

cause : « Je n'en ai pas plus montré (dit-il)‚
» l'idée que le mot. »

Quoi! vous avez montré dans l'*activité* le
principe commun de nos facultés, dans la liberté, le principe de nos actes moraux, et vous
n'avez pas parlé de cause? Qu'est-ce donc que
le sentiment d'une activité qui n'est pas en
même temps celui d'une cause? Qu'est-ce que
la liberté hors du sentiment intime de la cause,
qui détermine et produit nos actes?

M. Laromiguière finit par cette apostrophe
éloquente contre la doctrine de l'école d'Alexan-
drie, au sujet du *principe* et *de la cause*.

« C'est pour n'avoir vu qu'un *principe* là où
» il fallait voir une *cause*, que l'école d'Alexan-
» drie rejeta l'idée de la création, et qu'elle
» s'égara parmi une multitude infinie d'émana-
» tions et de transformations; l'ame du monde
» se transformait *en génies, en démons, en*
» *éons*. Les émanations successives descendaient
» par une suite de dégradations, depuis l'in-
» telligence divine jusqu'à l'intelligence la plus
» bornée; elles communiquaient les unes avec
» les autres; elles s'illuminaient. Que dis-je!
» elles s'illuminent, et cette folie d'illuminations
» dure encore. »

« Ce n'est pas tout; si dans la *cause* vous ne
» voyez qu'un principe, soyez conséquent et
» dites : non-seulement les intelligences finies
» sont des émanations de l'intelligence suprême
» dont elles se séparent, à laquelle elles vont
» se réunir; mais la matière elle-même sort du
» sein de la Divinité. Dieu est tout, tout est
» Dieu, et il n'y a qu'une substance. »

Je dis à mon tour :

« C'est pour n'avoir vu qu'un *principe abstrait* là où il fallait voir une *cause*, que l'école
de Condillac a méconnu avec le sentiment et
l'idée de causalité, le principe de la science et
de l'existence même, y compris celle *du moi.*
C'est ainsi que partant de l'abstrait ou du
néant de l'*existence,* elle vient encore aboutir
au néant après une multitude de transformations qui ne tendent qu'à substituer des signes
aux réalités. »
« La sensation remonte par la série de ces
transformations depuis le dernier des animaux
jusqu'à l'homme capable de connaître Dieu et
lui-même, et qui pourtant n'est censé différer
de l'animal que par le degré de développement
des facultés *sensitives* de même nature. Toutes
ces sensations externes ou internes communi-

quent et forment un système complet, dont la logique crée le lien : car les signes sont tout pour notre esprit, qui est lui-même *tout entier dans l'artifice du langage.* »

« C'est ainsi que les sensations *s'illuminent* par la logique, qui étant susceptible d'un perfectionnement indéfini, garantit à l'esprit humain une perfectibilité, ou une illumination sans fin. »

« Ce n'est pas tout. Si dans la *cause* vous ne voyez qu'une abstraction comme une autre, dérivée de la sensation, soyez conséquens, et dites : non-seulement les idées et les notions intellectuelles émanent toutes de la sensation, mais de plus, tout ce que nous appelons *être, substance et cause; l'ame,* comme la *matière,* les esprits comme les corps, tout sort du sein de la sensation. La sensation *est tout;* tout est sensation; elle est la substance, ou plutôt, il n'y a ni substance ni cause..... »

P. S. Après avoir traité des facultés de l'ame, dans le Ier volume, M. Laromiguière annonce dans un *post-scriptum* qu'il traitera, dans un second, 1° de la *nature,* des *causes* et de l'*origine* de nos diverses idées; 2° des idées qui ont pour objet des objets réels ; 3º des idées dont l'objet n'a point de réalité, ou dont la réalité est contestée, et parmi lesquelles il range les substances et les causes, etc.

Nous attendons avec une extrême impatience le nouveau *criterium* de la réalité ou non-réalité des objets de nos diverses idées; mais sans vouloir trop abonder dans notre sens, nous oserions affirmer, d'après tout ce qui précède, que ce *criterium* de réalité ne ressortira ni des principes ni de la méthode d'analyse exposés jusqu'ici par l'estimable professeur.

Dans l'intérêt de la vraie *psychologie* dont cet article a eu surtout pour but de mieux préciser le *sujet*, nous souhaitons vivement que M. Laromiguière se hâte de nous donner un démenti en remplissant toute la tâche qu'il s'est prescrite. Nous lui devrons alors plus qu'une *logique*, et même plus qu'une *idéologie*.

La doctrine de M. Laromiguière n'est pas homogène ; il y a plusieurs passages de son livre qui se trouvent parfaitement d'accord avec le point de vue psychologique où je me suis placé moi-même pour le combattre.

En rapprochant divers passages psychologiques, épars dans les Leçons, on pourrait croire qu'il y a dans quelques-unes de ces critiques de l'injustice ou du malentendu ; mais je prie, qu'en ayant égard à l'ensemble, à la direction générale et au point de vue principal de la doctrine, on ne m'oppose pas certains articles isolés que j'aurais pu moi-même citer à l'appui de ma théorie sur l'activité, etc.; tel est celui-ci :

« L'activité de l'ame, dit M. Laromiguière (pag. 137), ne
» peut pas se définir : nous la connaissons, parce que nous en
» sentons l'exercice ; et même c'est plutôt *l'action* que *l'acti-*
» *vité* que nous sentons. Mais ni l'action, ni l'activité, c'est-à-
» dire, *cette force que nous sentons au-dedans de nous-*
» *mêmes, et qui est la cause de tous les changemens qui ne*
» *dépendent pas des objets extérieurs,* ne pourront jamais
» se définir, et, pour les reconnaître, il faudra toujours en
» appeler au *sentiment.* »

Voilà bien l'expression d'un fait psychologique ; mais pourquoi se trouve-t-il ainsi jeté en passant et comme perdu dans la doctrine établie sur une toute autre base que celle des faits de sens intime ? pourquoi le principe ne joue-t-il qu'un rôle accessoire, sans conséquence, sans liaison avec l'ensemble ?......

J'aimerais à multiplier les exemples de détails où je me trouve en contact avec M. Laromiguière ; mais il faut laisser à d'autres le soin de trouver les analogies. J'ai dû me borner, dans l'intérêt de la science, à marquer fortement les différences et l'opposition des points de vue.

TABLE DES MATIÈRES

§ VI.

§ VII.

Du spiritualisme et du matérialisme.

§ VIII.

§ IX.

www.ingramcontent.com/pod-product-compliance
Lightning Source LLC
Chambersburg PA
CBHW072054080426
42733CB00010B/2120